노래로 배우는 아랍어

최영길·나그와 칼라프 저

هيا نتعلم العربية بالأغنية

외국어도서전문
1945
MYM
문예림

هيا نتعلم العربية بالأغنية

مجموعة من القصائد العربية
بأصوات أشهر المطربين العرب

إ ع د ا د
최영길/나그와 칼라프
ا. د. حامد تشوى يونغ كيل
ا. د. نجوى خلف

هيا نتعلم العربية بالأغنية

مجموعة من القصائد العربية
بأصوات أشهر المطربين العرب

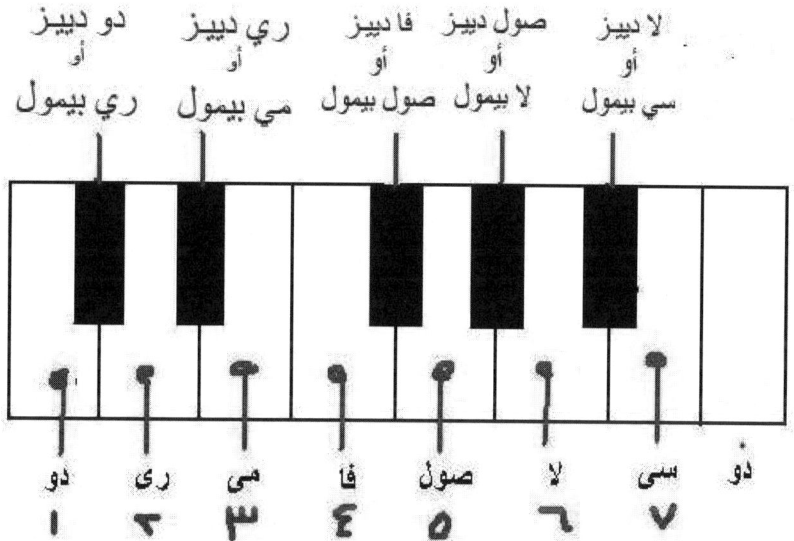

إعداد

최영길/나그와 칼라프
ا. د. حامد تشوى يونغ كيل
ا. د. نجوى خلف

최영길은 한국외국어대학교 아랍어과 학부와 석사과정에서 아랍어를 전공하였으며 사우디아라비아 왕립 이슬람대학교 학부과정에서 이슬람학을 전공하고 수단 움두르만 이슬람 국립 대학교에서 한국인 최초로 이슬람학 박사학위를 받았다.

사우디아라비아 젯다 이슬람문화원에서 아랍어와 이슬람 담당 전임강사로 근무하였고 이맘 무함마드 이븐 사우드 왕립대학교 초청객원교수로 있었다. 명지대학교 인문대학장, 중.고등학교 아랍어 국정교과서 교재 편찬 심의위원, LG 전자 자문교수로 있었다. 현재는 명지대학교 아랍지역과 교수로 재직 중이며 서울대학교, 서강대에서 이슬람관련 과목을 강의하고 있으며 그 밖에 메카에 본부를 두고 있는 전 세계 이슬람 총연맹 최고회의 위원으로 있다.

꾸란 번역을 비롯하여 예언자 무함마드, 인간 무함마드, 다양한 이슬람 이야기, 무함마드의 언행록, 아랍어-한글 사전, 꾸란 어휘사전, EBS 입에서 톡 아랍어, 이슬람문화, 아랍에서 출발한 이슬람역사와 문화, 꾸란과 성서의 예언자들, 이슬람의 허용과 금기 등 65편의 아랍어와 이슬람 관련 역서와 저술을 하였으며 2009년에는 사우디아라비아 압둘라 국왕 국제번역상을 수상하기도 하였다.

나그와 칼라프는 이집트 카이로 대학교에서 아랍어 석사 및 박사 학위를 취득하였으며 아랍어 교수방법 디플로마도 취득하였다. 현재는 명지대학교 아랍지역학과 교수로 근무하고 있다. 경력으로는 카이로 대학교 아랍어문화 센터에서 근무하였고 최영길 교수와 함께 EBS 아랍어 톡강의를 하였으며 여러 권의 저서와 다수의 논문도 남겼다.

아랍어는 꾸란의 영향으로 인류가 사용한 모든 언어들 중에서 가장 오랜 생명을 지니고 있는 언어이다. 서력 610년 예언자 무함마드에게 꾸란의 첫 계시가 내려진 때부터 오늘날까지 1천 4백 년 동안 꾸란의 아랍어가 표준어와 일상생활언어로 사용되어 오고 있기 때문이다.

그 결과 아랍어를 모국어로 사용하고 있는 아랍 국가는 22개 나라가 생겨났다. 사우디아라비아 왕국을 비롯하여 수단, 이집트, 이라크, 모로코, 알제리, 리비아, 아랍에미레이트, 튀니지, 카타르, 오만, 요르단, 시리아, 쿠웨이트, 레바논, 바흐레인, 예멘, 소말리아, 모리타니, 지부티, 팔레스타인, 코모로가 있다. 그뿐만 아니라 꾸란의 아랍어는 전 세계 21억 무슬림 인구(출처 : Islamicpopulation,com)의 예배 언어이며 이슬람 종교의 경전인 꾸란의 언어이자 유엔의 공용어이다.

본인은 1978년 사우디아라비아 제다에 있는 이슬람 교육센터에서 그곳에 진출한 한국인들에게 아랍어를 가르치고 1980년 9월 학기부터 현재까지는 명지대학교 아랍지역학과에서 아랍어를 가르쳐오면서 학생들이 아랍어를 쉽고 재미있게 배울 수 있는 교재연구와 개발에 노력을 다해 왔다. 그런데도 아랍어를 공부하는 학생들은 여전히 아랍어 학습에 어려움을 느끼고 있다.

언어, 특히 외국어 학습은 새미가 있어야 하고 쉽게 배울 수 있어야 한다. 두 공동 저자가 EBS 교육방송을 통해 『EBS 톡 아랍어』 교재로 52회 아랍어 강의를 하면서 매 시간 약간씩 아랍어 노래를 소개한 적이 있었는데 이에 대한 청취자들로부터의 좋은 반응이 있어 이번에는 노래를 통해서 아랍어를 쉽고 재미있게 배울 수 있는 본서를 준비하여 보았다.

끝으로 본서가 나올 수 있도록 모든 정성을 다하여 공동 집필에 참여한 동료교수 나그와 칼라프(Prof. Dr. Nagwa Khalaf) 박사, 집필과 번역 편집에 많은 도움을 준 히바 김예영 제자 그리고 본서를 기꺼이 출간하여 주신 문예림 서덕일 사장님께 감사를 드립니다.

저자

(الفـــــهـــــرس)(차 례)

أَنَا مُـودُو

لا أَحَدَ يَهْتَمُّ بِي الْيَوْمَ
لا أَدْرِي لِمَاذَا أَرْجُوكُمْ رُدُّوا عَلَيَّ
مَامَا رُدِّي عَلَيَّ

1-오늘은 아무도 나에게 관심을 두지 않아요
그 이유를 모르겠어요 나에게 그 대답을 해줘요
엄마 나에게 대답을 해줘요

بَابَا رُدَّ عَلَيَّ
مُودَا رُدِّي عَلَيَّ
مُودِي رُدِّي عَلَيَّ

2-아빠 나에게 대답을 해줘요
무다 누나 나에게 대답을 해줘
무디 누나 나에게 대답을 해줘

مَامَا رُدِّي

بَابَا وَجَدِّي

مُودَا رُدِّي

3-엄마 대답해줘요
할아버지 대답해줘요
무다 누나 대답해줘

مُودِي رُدِّي

مَامَا هَيَّا أَطْعِمِني

إِنِّي جَائِعٌ غَدِّيني

4-무디 누나 대답해줘
엄마 밥좀 주세요
배가 고파요 점심주세요

إِنِّي مَشْغُولَةٌ أَطْبُخُ الْفُول

اِنْتَظِرْني نِصْفَ سَاعَةَ بَعْدَهَا سَنَأْكُلُ جَمَاعَة

لَا لَا تَدْخُلْ إِلَى الْمَطْبَخِ لِأَنَّ الْأَرْضَ مَبْلُولَة

5-그래 콩을 요리하고 있다
반 시간만 기다려라 다함께 먹자구나
부엌에 들어오지 마라 바닥에 물기가 있구나

بَابَا أَتَقْرَأُ لِي قِصَّةً قَبْلَ الْغَدَاء

كَي أَنْسَى جُوعِي كَي أَنْسَى الْعَنَاء

بَابَا هَيَّا بَابَا هَيَّا

6-아빠 점심 전에 이야기좀 해주세요
배고픈 것도 잊고 피곤함도 잊도록 말이에요
아빠 어서요 아빠 어서요

إِنِّي أَسْتَمِعُ إِلَى الْأَخْبَارَ فِي هَذَا الْوَقْتِ مِنَ النَّهَار

أَرْجُوكَ أَنْ تُخْفِضَ صَوْتَكَ فَإِنِّي أَشْعُرُ بِالدُّوَارِ

مَوْعِدُ الْقِصَّةِ قَبْلَ النَّوْمِ هَذَا مَا نَفْعَلُهُ كُلَّ يَوْمٍ

7-아빠 지금 낮 뉴스 듣고 있다
목소리 낮추렴 정신이 없구나
이야기시간은 매일 잠자기 전이지 않니

هَيَّا اِذْهَبْ وَالْهُ بِالْأَلْعَاب

أَمَا مِنْ أَحَدٍ يَفْتَحُ الْبَاب

مُودَا حِينَ تُنْهِي الْفَرْضَ

8-저리 가서 장난감이나 가지고 놀아라
누가 문을 두드리지 않니?
무다가 예배를 마치면

سَتَلْعَبُ مَعَنا الغُمَّيْضَة
أَلَيْسَ كَذَلِك الكُلُّ يُشارِكُ
مُودُو لَدَيَّ اِمْتَحانٌ

9-숨바꼭질 놀이를 해줄꺼야
모두가 함께 놀면 좋지 않겠니
나 무두는 시험이 있단다

وَلَنْ أَلْعَب مَعكَ الآنَ
اِذْهَبْ واِسْأَلْ مُودِي حَبِيبِي
إنْ كَانَ فِي الإمْكَانِ

10-그래서 지금은 너랑 놀 수가 없다
누나 무디에게 가서 부탁해보렴
가능한지 말이야

مُودِي وَجَدْتُك أَخِيرًا الكُلُّ مَشْغُولُونَ كَثِيرًا
لا يَسْمَعُونَنِي لا يَهْتَمُّونَ بِي
حَبِيبِي مُودُو الغَالِي لا تَحْزَنْ لا تُبَالِي

11-나는 마침내 무디를 찾았어요 모두가 너무 바빠요
아무도 내 이야기를 들어주지 않고 나에게 관심도 두지 않아요
사랑하는 무두야 슬퍼하지 마 걱정하지 마

سَامِحْنَا فَالْكُلُّ مَشْغُولٌ لَكِنَّكَ سَتَجِدُ الْحُلُولَ
مَا هِيَ الْحُلُولَ
لَدَيَّ بَعْضُ الْأَلْعَابِ وقِصَصٌ فِي كِتَابٍ

12-용서해줘 모두가 바빠 하지만 해결책이 있을 거야
그 해결책이 뭐야
나에게 장난감도 있고 이야기책도 있어

هَا قَدْ نَضَجَ الْغَدَاءَ
هَيَّا لَبُّوا النِّدَاءَ
مَامَا هَيَّا بَابَا هَيَّا مُودَا هَيَّا مُودِي هَيَّا

13-자 점심이 다 되었다
어서들 오렴
엄마 아빠 무다 누나 무디 누나 놀아줘요

1

أنا (아나) 나는

لا (라) 아니다

أحد (아하드) 하나, 한 사람

يهتم (야흐탐무) 관심을 갖다

اليوم (알야우마) 오늘

أدري (아드리) 나는 안다

لماذا (리마-자) 왜

أرجو (아르주) 바랍니다

ردوا (룻두) 대답해주세요

علي (알라이야) 나에게

ماما (마마) 엄마

2

بابا (바바) 아빠

3

جدي (잣디) 할아버지

4

هيا (하이야) …해주세요

أطعمني (아뜨이므니) 밥주세요

جائع (자-이으) 배고픈

غدي (갓디) 점심 주세요

5

مشغولة (마쉬굴-라) 바쁜

أطبخ (아뜨부쿠) 내가 요리하다

فول (푸울) 콩
نصف (니스프) 절반
بعد (바으다) 후에
جماعة (자마-아) 함께
الى (일라) ...로
لأن (리안나) 왜냐하면
مبلولة (마브룰-라) 물기가 있는

انتظر (인타지르) 기다리세요
ساعة (싸-아) 시간, 시계
نأكل (나으쿨루) 우리가 먹다
تدخل (타드쿨루) 들어가다
المطبخ (알마트바크) 부엌
الأرض (알아르드) 땅, 바닥

6

تقرأ (타끄라우) 읽어주세요
قصة (낏솨) 이야기
الغداء (알가다) 점심
جوع (주-으) 배고픔
العناء (알아나) 피곤함

لي (리) 저에게, 저를 위해
قبل (까블라) 전에
كي (카이) ...위해
أنسى (안싸) 내가 잊다

7

أستمع إلى (아쓰타미우 일라) 내가 듣다
أخبار (아크바르) 소식, 뉴스
في هذا الوقت (피 하달 와끄트) 이 시간에
نهار (나하-르) 낮 시간
تخفض (타크피두) 낮추다
أشعر ب (아슈우르 비) 나는 느끼다
موعد (마우이드) 약속, 약속시간
ما (마) 무엇, 아니다
كل يوم (쿨라 야우민) 매일

صوت (사우트) 소리, 목소리
دوار (다와-르) 현기증, 어지러움
نوم (나움) 잠
نفعل (나프알루) 우리가 ...하다

8

اذهب (이드하브) 가렴   الهو (일후) 놀아라

ألعاب (알아-브) 장난감   أحد (아하드) 누가

يفتح (아프타후) 열다   باب (바-브) 문

حين (히-나) ...할 때   تنهي (툰히) 끝나다

فرض (파르드) 의무, 의무예배

9

تلعب (탈아부) 놀다   غميضة (구마이돠) 숨바꼭질

أليس كذلك (아라이싸 카달-리카) 그렇지 않니?

كل (쿨루) 모두   يشارك (유샤-리쿠) 동참하다

امتحان (임티하-ㄴ) 시험

10

لن (란) 결코 ...하지 않다   معك (마아카) 너와 함께

الآن (알아-나) 지금   أسأل (이쓰알) 물어보렴

حبيبي (하비비) 귀여운 애야

11

وجدت (와자드투) 나는 찾았다   أخيرا (아키-란) 마침내

مشغول (마쉬구-ㄹ) 바쁜, 분주한   كثيرا (카씨-란) 많이, 무척

يسمع (야쓰마우) 듣다   يهتم (야흐탐무) 관심을 갖다

غال (갈-린) 비싼, 사랑스러운   لا تحزن (타흐잔) 슬퍼하지마

لا تبالي (라 투발-리) 걱정하지마

12

سامحنا (싸-미흐나) 이해해줘   حلول (훌룰) 해결

كتاب (키타-ㅂ) 책

13

نضج (나두자) 요리되다, 성숙하다   لبوا (랍부) 오너라

نداء (니다) 부름   لبو النداء (랍부 니다아) 부르면 오너라

الكلمات في جملة

مُودُو : اسمي مودو، ولي أختان، هما مودا ومودي

나의 이름은 무드이고, 나에게는 두 자매가 있는데, 그들은 무다와 무디
에요.

لا أَحَدَ: لا أحد في الفصل أين ذهب الطلاب؟

교실에 아무도 없는데 학생들이 어디에 갔지?

يَهْتَمُّ بـ: أهتم بالدراسة، وأختي تهتم باللعب

나는 공부에 관심이 있는데 나의 여동생은 노는데 관심이 있어요

الْيَوْمَ : اليوم يوم الثلاثاء

오늘은 화요일입니다

أدري: هل تعرف أين ذهب أبي؟ لا أدري

나의 아버지가 어디로 갔는지 너는 알고 있니? 나는 모르겠는데

أرْجُو : أرجوكَ أغلق الباب

문 좀 닫아주세요.

رَدُّ: أمي تنادي وأنا لا أرد

나의 어머니가 부르고 있는데 나는 대답을 하지 않고 있어요.

مَامَا: ماما ذهبت إلى السوق

어머니는 시장에 가셨어요.

بَابَا : بابا يعمل في شركة كبيرة

아버지는 대기업에서 근무하고 있어요.

جَدِّي : جدي متعاقد

나의 할아버지는 정년퇴직을 하셨어요.

هَيَّا: هيا ندرس اللغة العربية

자 아랍어 공부를 합시다.

أطْعَم: أطعمت كلبي لأنه كان جائعا

나는 배고파하는 나의 개에게 먹을 것을 주었어요.

غدَّى : غديتُ قطتي قبل أن أذهب إلى الجامعة

나는 대학교에 가기 전에 점심을 먹었어요.

مَشْغُولَةٌ: أنا مشغول جدا اليوم.

나는 오늘 무척 바빠요.

أطْبُخُ: لا أستطيع أن أطبخ!

나는 요리를 할 수 없어요.

الْفُولَ: آكل الفول في الصباح

나는 아침에 콩음식을 먹어요.

انْتَظِرْ: انتظر قليلا

조금만 기다려요.

نِصْفَ : حضر نصف الطلاب
절반의 학생만 참석했어요.

سَاعَة: درست اللغة الإنجليزية لمدة ساعة
나는 한 시간 동안 영어를 공부했어요.

بَعْدَ: بعد الظهر نتناول الغداء
우리는 오후에 점심을 먹어요.

جَمَاعَة : نحب أن نأكل جماعة
우리는 여럿이 함께 먹는 것을 좋아해요.

دَخَلَ : دخل محمد إلى الفصل.
무함마드는 교실에 들어갔어요.

الْمَطبَخ: المطبخ ضيق
부엌이 비좁아요.

الْأَرْضَ: أنام على الأرض
나는 바닥에서 잠을 자요.

مَبْلُولَة: ملابسي مبلولة بسبب الأمطار
나의 옷이 비 때문에 젖어있어요.

قَرَأَ: عادة أقرأ قصة قبل النوم.
보통 나는 잠자기 전에 소설을 읽어요.

كَي: أركب حافلة كي أذهب إلى الجامعة
나는 대학교에 가기 위해 버스를 타요.

أُنْسَى: أنسى دائما ما أدرس
나는 공부한 것을 항상 잊어요.

جُوع: أشعر بالجوع
나는 허기가 느껴져요.

الْعَنَاءَ: تحمل أبي العناء من أجلنا
나의 아버지는 우리를 위해 고생을 해요.

أستمع : أستمع إلى الأخبار كل يوم
나는 매일 뉴스를 들어요.

في هذا الوقت : أشاهد مسلسلا في هذا الوقت من النهار عادة
나는 보통 낮 이 시간에 연속극을 봐요.

تخفض: أرجوك أن تخفض صوت التليفزيون قليلا.
텔레비전 소리 약간만 줄여주세요.

الدوار : أشعر بالدوار عندما أركب السفينة.
나는 배를 타면 현기증을 느껴요.

موعد : عندي موعد بعد المحاضرة
나는 강의 후에 약속이 있어요.

النوم : أقوم من النوم مبكرا.
나는 잠에서 일찍 일어나요.

كل يوم : كل يوم أذهب إلى الجامعة
나는 매일 대학에 가요.

يلـهو : أحب أن ألهو ولا أدرس
나는 공부보다는 노는 것을 좋아해요.

الألعاب : أخي الصغير عنده ألعاب كثيرة
나의 어린 동생에게는 장난감이 많아요.

أما : أما يوجد طالب يتكلم اللغة العربية جيدا؟
아랍어를 잘하는 학생이 없나요?

فتح : فتحت ليلى الكتاب ودرست
라일라는 책을 펴고 공부를 했어요.

الباب: الباب مغلق
그 문은 닫혀있어요.

حين : حين أذهب إلى البيت أنام
나는 집에 가서 잠을 자요.

تنهي: أنهى الأستاذ الدرس
교수님께서 수업을 끝냈어요.

الفرض: أقيم الفرض خمس مرات في اليوم
나는 매일 다섯 번의 의무예배를 드려요.

لعب : هل تلعب معي كرة القدم؟ طبعا، لِمَ لا
나와 함께 축구놀이 할래? 물론이지. 왜 안하겠니.

الغميضة: كنت ألعب الغميضة وأنا صغير
나는 어렸을 때 숨바꼭질놀이를 했어요.

أليس كذلك: كوريا بلد عظيم، أليس كذلك؟!
한국은 위대한 나라에요. 그렇지 않나요?

الكل: الكل يذهب إلى العمل.
모두가 일하러 갔어요.

يشارك : يشارك الطلاب في المؤتمر
학생들이 회담에 참석하고 있어요.

لدي : لدي امتحان غدا.
나는 내일 시험이 있어요.

اسأل : اسأل ما تريد.
당신이 원하는 것 질문하세요.

إن كان في الإمكان : سأذهب إلى أمريكا إن كان في الإمكان.
가능하다면 나는 미국으로 갈 것입니다.

وجد: وجدت القلم الذي ضاع مني في الأسبوع الماضي.
나는 지난주에 잃어버렸던 연필을 찾았어요.

أخيرا : أخيرا جاءت العطلة الصيفية
드디어 여름방학이 왔어요.

الغالي : والدي الغالي أقدم لك اعتذاري عن رسوبي في الامتحان
사랑하는 아버지, 제가 시험에 낙제한 것에 대해 사과를 드려요.

تحزن : لا تحزن إذا فقدتَ شيئا غاليا.
어떤 귀중한 것을 잃었다 해도 슬퍼하지 말아요.

تبالي : لا تبالي بالحُساد
질투하는 자 때문에 걱정하지 마.

سامح: الأستاذ يسامحني لأني أخطأت في الامتحان كثيرا
내가 시험에서 많은 실수를 해도 교수님께서 용서하여 주시겠지.

الحلول : ما هي حلول مشكلة الحرب بين البشر؟
인간들 사이의 전쟁문제에 대한 해결은 무엇일까?

بعض : بعض الناس يحب الحرب
일부 사람들은 전쟁을 좋아해요.

قصص : قصص الأطفال ممتعة
어린이들의 이야기는 재미있어요.

نَضَجَ : آه لم ينضج الطعام بعد، وأنا جائع جدا
아직도 요리가 되지 않았다고? 나는 무척 배가 고픈데.

لَبَّى: أبي ينادي وأنا ألبي النداء
나의 아버지가 불러서 나는 그 부름에 대답하고 있어요.

كــــــلمات

غناء : ماجدة الرومى

كلمات : نزار قبانى

تلحين : جمال سلامة

يُسْمِعُني.. حِــينَ يُرَاقِصُني
كَلِمَاتٍ لَيْسَتْ كَالْكَلِمَات
يَأْخُذُني مِنْ تَحْــتِ ذِرَاعِي

1-그는 나와 함께 춤을 추면서 나에게 속삭이고 있어요
일반적인 말이 아니라 달콤한 사랑을 속삭이면서
나의 두 팔 아래를 꼭 껴안고 있어요

يَزْرَعُني فِي إِحْدَى الْغَيْمَات
وَالْمَطَرُ الْأَسْـوَدُ فِي عَيْني
يَتَسَاقَـطُ زَخَّاتٍ.. زَخات

2-그는 나를 구름위에 태워 하늘을 날게 해요
너무 기쁜 나머지 나의 두 눈에서 검은 비가
많이 … 많이 흘러내려요

يَحْمِلُـني مَعَـهُ.. يحملني
لِمَسَـاءِ وَرْدِي الشُّرُفَـات
وَأَنَا.. كَالطِّفْلَـةِ فِي يَـدِه

3-그는 나를 그의 품에 안아 주네요
저녁 노을이 되면 나를 장미꽃이 있는 발코니로 데려가 주고
나는 마치 그의 팔에 안겨 있는 여자아이 같아요

كَالرِّيشَةِ تَحْمَلُها النَّسَمَـات
يُهْدِيني شَمْسًـا.. يُهْدِيني
صَيْفًا.. وقَطِيـعَ سُنُونوَّات

4-깃털처럼 미풍을 타고 나는 하늘을 나르는 것 같아요
그는 나에게 태양도 선물해주고 …
여름도 선물해주고 … 사랑의 수느와 새들도 선물해주고

يُخْبِرُني.. أَنّي تُحْفَتُــهُ
وأُسَاوِي آلافَ النَّجَمَات
وبِأَنّـي كَنـزٌ.. وبِأَنّي

5-그는 내가 그의 가장 귀중한 선물이라 말해요
내가 수천 개의 별들과 같다고 말해요
내가 그의 보물이라고 말해요 ... 내가

أَجْملُ ما شاهدَ من لَوْحَات
يَرْوِي أَشْيَــاءَ تُدَوخُنِـي
تُنْسِينِي الْمَرْقصَ والْخُطُوَات

6-그가 본 것 중에서 가장 아름답다고 화폭이라고 말해요
그는 여러 가지 달콤한 표현으로 나를 황홀하게 만들어요
그는 지금 내가 무도회장에 와 있다는 것과 발 동작까지 잊게 만들고

كلماتٍ تَقْلِــبُ تَارِيخِي
تَجْعَلُنِي اِمْرَأةً في لَحَظَـات
يَبْنِي لِي قَصــرًا مِن وَهْمٍ

7-그의 말 한마디 한마디는 나의 역사를 뒤집어 놓으면서
순간 순간마다 나를 여자로 만들어 버려요
그는 나에게 환상의 궁전을 지워주네요

لا أسكنُ فيهِ سِوَى لحظات
وأعودُ.. أعودُ لطَـاوِلَـتِي
لا شيءَ معي.. إلا كلماتْ

8-나는 순간 순간 그 궁전서 살아요
춤을 추다가 ... 나의 무대로 돌아오면
나는 그가 속삭여준 말들만 생각나요

1

كلمات (칼리마-트) 말, 어휘 شعر (씨으르) 시(나-자르 깝바-니)

غناء (기-나) 노래(마즈다 루미) تلحين (탈히-ㄴ) 작곡(자말 쌀라마)

يسمعني (유쓰미으니) 나에게 들려주다

يراقصني (유라-끼수니) 나와 춤을 추다

يأخذني (야으쿠즈니) 나를 껴안다

تحت (타흐타) 아래

ذراعي (디라-아이) 나의 양 겨드랑이

2

يزرعني (야즈라으니) 나를 경작하다

غيمات (가이마-트) 구름들 مطر (마똬르) 비

أسود (아쓰와드) 검은 عيني (아이나이) 나의 두 눈

يتساقط (야타싸-까뚜) 떨어지다 زخات (자카-트) 폭우, 집중호우

3

يحملني (아흐밀루니) 나를 안아주다

مساء (마싸-) 저녁 وردي (와르디) 장미

شرفات (슈르파-트) 발코니 طفلة (띠플라) 여자아이

يده (야두후) 그의 손에

④

ريشة (리-샤) 깃털   نسمات (나싸마-트) 산들바람, 미풍

يهديني (야흐디-니) 나에게 선물하다

شمس (샴쓰) 태양   صيف (쏴이프) 여름

قطيع (까띠-으) 여러 개의   سنونوات (쑤누누와-드) 조류

⑤

يخبرني (유크비루니) 나에게 알려주다

تحفة (투흐파) 골동품   أساوي (우싸-위) 같은, 동등한

آلاف (알라-프) 수천 개   نجمات (나즈마-트) 별들

كنز (쿤즈) 보물

⑥

أجمل (아즈말루) 더 아름다운

شاهد (샤-하다) 보다   لوحات (라우하-트) 액자, 화폭

يروي (아르위) 전하다, 얘기하다

تدوخني (투다우위크니) 나를 어리둥절하게 하다

أشياء (아쉬야-) 어떤 것들

تنسيني (툰씨-니) 나로 하여 잊게 하다

مرقص (마르까스) 무도장   خطوات (카똬아-뜨) 발걸음, 스텝

⑦

تقلب (투깔리부) 뒤집다
تاريخي (타으리-키) 나의 역사
تجعلني (타즈알르니) 나를 여자로 만들다
امرأة (이므라아) 여자
لحظات (라흐자-트) 순간마다
يبني (아브니) 집을 짓다
قصر (가스르) 궁전, 왕궁
وهم (와흠) 상상, 공상, 사상

⑧

أسكن (아쓰쿠누) 나는 살다　　　أعود (아우--두) 나는 돌아가다
طاولة (따-윌라) 탁자
لا شيء (라 샤이아) 아무런 의미가 없다

الكلمات في جملة

يُسمع: أستاذي يسمعني كلاما جميلا

나의 교수님은 나에게 좋은 말씀을 들려주신다.

حينَ: أكون سعيدا حين أراك

나는 당신을 보면 행복해요.

يراقصُني : حبيبى يراقصنى

나는 나의 애인과 춤을 춰요.

كلمات: هذه كلمات صعبة لا أفهمها

이것들은 내가 이해되지 않는 단어들이에요.

ليست: هذه الطالبة ليست مصرية.

이 여학생은 이집트 여성이 아니에요.

يأخذني: إلى أين يأخذنى هذا الرجل؟ لا أعرف

나는 이 남자가 나를 어디로 데려가는지? 알 수가 없네.

مِن : أقوم من النوم مبكرا.

나는 잠에서 일찍 일어나요.

تحتِ : القلم تحت الكرسي.
그 연필은 그 의지 밑에 있어요.

ذراعي : ذراعي تؤلمني.
나의 두 팔이 아파요.

يزرع : يزرعُ الفلاحُ الأرضَ.
농부는 땅에 씨앗을 뿌리고 있다.

إحدى : قرأتُ إحدى القصص العربية أمس.
나는 어제 아랍어 소설책 한 권을 읽었어요.

الغيمات : الغيمات كثيرة اليوم فى السماء.
오늘은 하늘에 구름이 많다.

المطر : المطر سينزل غدا.
내일 비가 내릴 거래요.

الأسودُ: أحب اللون الأسود.
나는 검정색깔을 좋아해요.

عيني : عينك جميلة.
당신의 눈은 아름다워요.

يتساقط: يتساقط أوراق الأشجار فى الخريف
가을에는 나뭇잎들이 떨어져요.

زخات : يتساقط المطر زخات.
폭풍우가 내리고 있어요.

يحمل: أحمل حقيبتي وأذهب إلى الجامعة
나는 가방을 들고 대학교에 갑니다.

مع: أكلتُ الفطور مع أبي.
나는 나의 아버지와 함께 아침을 먹었다.

مسـاء: المساء جميل في الصحراء.
사막의 저녁은 아름다워요.

وردي : أحب اللون الوردي.
나는 장미색깔을 좋아해요.

الشُرفـات : الشرفات كبيرة.
발코니가 넓다.

أنا : أنا كوري.
나는 한국인입니다.

كالطفلـة: هذا الطفل كرجل، وهذه المرأة كطفلة.
이 아이는 어른 같고 이 여성은 여자애가 같아요.

يـد : يدي طويلة
나의 손은 길어요.

الريشة : الريشة خفيفة.
깃털은 가볍다.

النسمـات : أحب أن أشعر بالنسمات الرقيقة.
나는 산들바람 느낌을 좋아해요.

يهدي : حبيبي أهداني فستانا في عيد ميلادي
나의 애인은 나의 생일 때 원피스 한 벌을 선물했어요.

شمس : الشمس مشرقة اليوم.
오늘 태양이 찬란해요.

صيف : الصيف حار جدا في كوريا.
한국의 여름은 무척 더워요.

قطيع سنونوَّات: رأيت في السماء قطيع سنونوات.
나는 하늘에 있는 조류 떼를 보았어요.

يخبر: أبي يخبرني بأني أذكى طالب في العالم.
나의 아버지는 내가 세상에서 가장 똑똑한 학생이라고 말해요.

تحفة: هذه تحفة غالية جدا.
이 골동품은 무척 비싸요.

أساوي: واحد 1 (زائد)+ واحد1 (يساوى)= اثنين2.
1더하기 1은 2다.

آلاف: عمر حضارة مصر سبعة آلاف عام.
이집트 문명의 연대는 7천 년이다.

النجمات : النجمات كثيرة فى السماء.
하늘에 별들이 많다.

كنز: أريد أن أحصل على كنز.
나는 보물을 획득하고 싶다.

أجمل: أنا أجمل منكِ.

나는 당신보다 더 예뻐요.

ما : لم أفهم ما قلت.

나는 당신이 말한 것을 이해하지 못했어요.

شاهد: شاهد فيلما عربيا أمس.

그는 어제 아랍 영화 한편을 보았다.

لوحات : أحب مشاهدة اللوحات الفنية.

나는 예술작품들을 구경하고 싶다.

يروي: أمي تروي لي حكاية قبل النوم.

나의 어머니는 잠자기 전에게 나에게 이야기를 들려주신다.

أشيــاء: هذه أشياء مهمة عندي.

이 중요한 것들은 나에게 있다.

دوَّخ: الخمر يدوخنى عندما أشربه.

나는 술만 마셨다 하면 어지럽다.

أنسى: الكلمات الحلوة تنسيني غضبي منك.

달콤한 말들이 당신에 대한 나의 분노를 잊게 해요.

المرقص: هنا المرقص واسع.

이 무도장은 넓다.

الخطوة: الطريق يبدأ بخطوة.

길은 한 걸음부터.

تقلبُ : لا تقلب الكتاب.
책을 뒤집지 말아요.

تاريخ: أحب قراءة التاريخ العربي
나는 아랍 역사 독서를 좋아해요.

جعل: جعل الرجل التراب ذهبا.
그 남자는 흙을 금으로 만들었어요.

امرأة: المرأة أجمل من الرجل.
그 여자는 그 남자보다 아름답다.

لحظات: يمكنك الانتظار لحظات.
잠시만 기다릴 수 있어요?

يبني: بنى المصريون القدماء الأهرام.
고대 이집트인들이 피라미드를 건설했다.

قصرُ: أريد أن أسكن في قصر كبير.
나는 큰 궁전에서 살고 싶다.

وهـم: الوهم يمكن أن يتحقق.
상상도 실현 가능하다.

أسكن: أسكن بمفردي.
나는 혼자 살고 있다.

سوى : لا أحب سوى التفاح.
나는 사과 외에는 좋아하는 것이 없다.

أعود: أعود إلى البيت مبكرا.

나는 일찍 귀가한다.

طاولة: الطعام على الطاولة.

음식이 식탁에 있다.

شيء: ليس معي أي شيء.

나에게는 아무 것도 없다.

إلا : حضر الطلاب إلا طالبا.

한 학생을 제외한 모든 학생들이 참석했다.

أعطني الناي

غناء : فيروز

كلمات : جبران خليل جبران

تلحين : الأخوان رحبانى

أَعْطِنِي النَّاي
وغَنِّ فالْغِنَاءُ سِرُّ الْوُجُود
وأَنِينُ النَّاي يَبْقَى بَعْدَ أَنْ يَفْنَى الوجود

1-나에게 피리를 주세요
그리고 노래하세요 노래는 인생의 표현이에요
피리의 슬픈 리듬은 인생이 끝난 후에도 남아 있어요

هَلْ اتَّخَذْتَ الْغَابَ مِثْلِي مَنْزِلاً دُونَ الْقُصُورِ
فَتَتَبَّعْتَ السَّوَاقِي وتَسَلَّقْتَ الصُّخُورِ
هل تَحَمَّمْتَ بِعِطْرٍ وتَنَشَّفْتَ بِنُورِ

2-당신은 나처럼 궁전을 버리고 숲을 집으로 삼았나요
당신은 물레방아도 보고 바위 산을 오르고 있어요
당신은 향수로 목욕을 하고 빛으로 닦으시나요

وشَرِبْتَ الْفَجْرَ خَمْرا مِنْ كُؤُوس من أَثِير
هل جَلَسْتَ الْعَصْرَ مثلي بَيْنَ جَفْنَاتِ الْعِنَبِ
والعَنَاقِيدُ تَدَلَّتْ كَثُرِيَّاتِ الذَّهْب

3-공기 한 잔을 마시며 새벽 공기로 취하시나요
당신은 나처럼 포도 바구니 사이에 앉자 오후를 보내시나요
포도송이들이 금으로 장식된 샹들리에처럼 달려있어요

هل فَرَشْتَ الْعُشْبَ لَيْلا وتَلَحَّفْتَ الْفَضَاء
زَاهِدًا في ما سيَأْتِي نَاسيا ما قَدْ مَضَى
أعطني الناي

4-향초들을 바닥에 깔고 하늘을 덮개로 하여 밤을 보내시나요
미래도 아무런 관심이 없고 과거도 다 잊었어요
나에게는 피리만 주세요

وغن وانْسَ دَاءً ودَوَاء
إِنَّمَا النَّاسُ سُطُورٌ كُتِبَتْ لَكِنْ بِمَاء

5-그리고 당신은 노래만 부르며 아픔과 치료도 다 잊어버려요
인간은 단지 그어진 선들로 그 위에 물로 쓰어진 존새에 불과해요

1

أعطني (아으띠니) 나에게 주세요

ناي (나-이) 피리, 퉁소

شعر (씨으르) 시(지브란 칼릴 지브란)

غناء (기-나) 노래(파이루즈)

تلحين (탈히-ㄴ) 작곡(알이크완 라하바니)

غني (간니) 노래하세요　　غناء (기나) 노래

سر (씨르르) 비밀, 신비　　وجود (우주-드) 존재

2

اتخذت (잇타카즈타) 당신은 가지다　غاب (가-바) 숲

مثلي (미쓸리) 나처럼　　منزل (만질) 집, 가정

قصور (꾸수-르) 궁전, 궁궐　　تتبعت (타탓바으타) 미행하다

سواقي (싸와-끼) 물레방아　　تسلقت (타쌀라끄타) 오르다(산을)

صخور (수쿠-르) 돌, 바위, 돌산

تحممت (타함맘타) 목욕하다, 샤워하다

عطر (이뜨르) 향수

تنشفت (타낫샤프타) 당신이 닦다(물기를)

نور (누-르) 빛, 광명

3

شربت (샤립타) 당신이 마셨다

فجر (파즈르) 새벽, 여명기　　خمر (카므르) 술, 취함

كؤوس (쿠우-쓰) 컵, 잔　　أثير (아씨-르) 공기, 대기, 하늘

جلست (잘라쓰타) 당신이 앉았다　　عصر (아스르) 오후

جفنات (자프나-트) 포도 바구니　　عنب (에이납) 포도

عناقيد (아나끼-드) 송이(포도)　　تدلت (타달라트) 내리우다

ك (카) ...처럼　　ثريات (쑤라이야-트) 상들리에

ذهب (다합) 금

4

فرشت (파라스타) 바닥을 깔다, 펴다

عشب (아샵) 풀, 잡초　　ليل (라일루) 밤

تلحفت (타라흐하프타) 덮다　　فضاء (파돠-) 우주, 하늘

زاهد (자-히드) 무관심　　ما (마) ...것

يأتي (야으티) 오다　　مضى (마돠) 지나가버렸다

5

انس (인싸) 잊으시오　　داء (다-아) 아픔, 병

دواء (다와-) 약, 치료　　ناس (나-쓰) 사람들

سطور (쑤뚜-르) 선, 줄　　كتبت (쿠티바트) 쓰여졌다

لكن (라-킨) 그러나　　ماء (마-) 물

الكلمات في جملة

أعطني: أعطنى قلما من فضلك.

실례지만 나에게 연필을 주세요.

الناي : صوت الناى عذب

피리소리는 즐겁다.

غنى: أحب أن أغني مع نفسي.

나는 나 혼자 노래하는 것을 좋아해요.

الغناء: الغناء يريح النفس.

음악은 정신을 편안하게 하여 준다.

سر : عندي سر كبير في حياتي.

나에게는 내 인생의 큰 비밀이 있다.

الوجود: أنتِ أكثر إنسان أحبه في الوجود.

당신은 존재하고 있는 많은 사람들 중에서 내가 좋아하는 사람이다.

أنين: صوت هذا المطرب فيه أنين.

이 가수의 목소리에는 슬픈 리듬이 들어 있다.

يبقى: أريد أن أبقى بمفردي.
나는 나 혼자 남아있어요.

بعد أن: بعد أن ألعب سأدرس يا أمي.
어머니, 놀다가 공부할께요.

يفنى : البترول سيفنى قريبا.
석유는 조만간 고갈될 것이다.

اتخذ: اتخذت أبي صديقا لي.
나는 나의 아버지를 나의 친구로 삼았다.

الغاب: أحب أن أتمشى في الغاب
나는 숲 속의 산책을 좋아해요.

مثلي: أنتَ لستَ مثلي.
당신은 나와 같지 않아요.

منزل: منزلي كبير جدا.
나의 집은 대단히 커요.

دون : أشرب الشاي دون سكر.
나는 설탕을 넣지 않고 홍차를 마셔요.

القصور: القصور العربية كبيرة.
아랍 궁전들은 큽니다.

تتبع : أتتبع النجوم في السماء
나는 하늘의 별들을 보고 있어요.

السواقي: السواقي غير موجودة في كوريا الآن. أليس كذلك؟
지금은 한국에 물레방아가 없습니다. 그렇지 않습니까?

تسلق: أتسلق الجبال في الخريف.
나는 가을에 등산을 하지요.

الصخور: الصخور كثيرة .
돌이 많습니다.

تحمم: أتحمم كل صباح.
나는 매일 목욕을 하지요.

عطر: يجب أن أضع عطرا عند الخروج من البيت.
집에서 외출할 때 나는 꼭 향수를 바르지요.

تنشف: لا أتنشف عادة .
나는 일반적으로 물기를 닦지 않습니다.

نور: نور الشمس قوي اليوم.
오늘 태양빛이 강해요.

شرب : أشرب القهوة مع أصدقائي.
나는 나의 친구들과 함께 커피를 마시지요.

الفجر: أصحو من النوم عند الفجر.
나는 새벽에 잠에서 깨어납니다.

خمر: أشرب الخمر في كؤوس من زجاج مع أسرتي.
나는 나의 가족과 함께 유리컵에 있는 술을 마십니다.

أثِير : الأثير اليوم عليل.
공기가 상쾌합니다.

جلس: جلست على الكرسي.
나는 의자에 앉았습니다.

العصر : أعود إلى بيتي عند العصر.
나는 한 낮(아스르 때)에 집으로 돌아갑니다.

بين : أجلس بين أبي وأمي.
나는 나의 아버지와 나의 어머니 사이에 앉습니다.

جفنات : أضع العنب في جفنات
나는 포도를 포도 바구니에 넣습니다.

العناقيد : أغسل عناقيد العنب.
나는 포도송이를 씻습니다.

تدلى: التفاح يتدلى من الشجرة.
사과가 나무에 매달려 내려져 있습니다.

ثريات: الثريات في السماء متلألأة.
하늘에 있는 샹들리에가 빛나고 있습니다.

الذهب: هذا الخاتم صنع من ذهب.
이 반지는 금으로 만들어졌습니다.

فرش: أفرش سريري كل صباح.
나는 매일 아침 나의 침대를 덮습니다.

العشب : أخي يلعب على العشب.
나의 동생은 잔디밭 위에서 놀고 있습니다.

ليل: أقابل حبيبي ليلا.
나는 나의 애인을 밤에 만납니다.

تلحف: لا أحب أن أتلحف وأنا نائمة
나는 잠잘 때 이불을 덮지 않습니다.

الفضاء: الفضاء واسع جدا.
우주는 무척 넓다.

زاهد : أريد أن أكون زاهدا في المال لكن لا أستطيع.
나는 돈에 무관심하고 싶지만 그렇게 할 수가 없습니다.

يأتي : أبي يأتي متأخرا كل يوم، لا أعرف لماذا؟
나의 아버지는 매일 늦게 오십니다. 그런데 그 이유는 모릅니다.

ناسيا: جدي أصبح ناسيا كل شيء حتى اسمي.
나의 할아버지는 모든 것, 하물며 나의 이름까지도 잊으셨습니다.

مضى : هذا شيء مضى لا تفكر فيه.
이것은 지나간 것이니 그것을 생각하지 말아요.

أنس: لو سمحت انس اسمي.
미안하지만 나의 이름을 잊어줘.

داء : عندي داء خطير، هل تعرفين ماذا؟ هو حبكِ.
나에게 중요한 약이 있는데, 무엇인지 알아요? 그것은 바로 당신의 사랑
이에요.

دواء :أذهب إلى الصيدلية لأشتري الدواء
나는 약을 사려고 약국에 갑니다.

إنما : إنما المؤمنون إخوة.
정말로 믿는 자들은 형제들입니다.

الناس: الناس كثيرون في المترو.
전철 안에 사람들이 많습니다.

سطور: أكتب اللغة العربية على السطور.
나는 아랍어를 선 위에 씁니다.

كتب: كُتِبَ اسمي في الورقة
나의 이름이 종이에 기록되었다.

لكن : أحب الشاي لكن لا أحب القهوة.
나는 홍차를 좋아해요. 그러나 커피는 좋아하지 않아요.

ماء : أشرب الماء الساخن.
나는 따뜻한 물을 마십니다.

صَبَاحُكِ سُكَّر

غناء وتلحين: كاظم الساهر

كلمات: نزار قباني

إِذَا مَرَّ يَوْمٌ وَلَمْ أَتَذَكَّرْ
بِهِ أَنْ أَقُولَ صَبَاحَكِ سُكَّر
فَلاَ تَحْزَنِي مِنْ ذُهُولِي وَصَمْتِي

1-하루가 지나면 나는 그 날이 생각나지 않아요
당신의 아침은 사탕이라고 말하지 않고
가만히 있거나 침묵했다고 해서 슬퍼하지 말아요

وَلاَ تَحْسَبِي أَنَّ شَيْئًا تَغَيَّر
فَحِينَ أَنَا لا أَقُولُ أُحِبُّك
فَمَعْنَاهُ أَنِّي أُحِبُّكِ أَكْثَر

2-내가 어딘가 변했다고 생각하지 말아요
내가 당신을 사랑한다고 말하지 않을 때는
내가 당신을 더 많이 사랑하고 있다는 의미에요

صَبَاحُكِ سُكَّر
إذا مَا جَلَسْتِ طَويلاً أَمَامِي
كَمَمْلَكَةٍ مِنْ عَبِيرٍ وَمَرْمَرِ

3-당신의 아침은 사탕이에요
당신이 내 앞에 오래 앉아 있으면
향기가 그윽하고 촉감이 좋은 왕궁 같아요

وَأَغْمَضْتُ عَنْ طَيِّبَاتِكِ عَيْنِي
وَأَهْمَلْتُ شَكْوَى القَمِيصِ الْمُعَطَّرِ
فلا تَنْعَتِيني بِمَوْتِ الشُّعُورِ

4-당신의 아름다움에 나는 눈을 감고 있었을 뿐이에요
향기가 풍기는 의상의 불평을 소홀히 했을 뿐이에요
나의 감정이 죽었다고 생각하지 말아요

وَلا تَحْسَبِي أَنْ قَلْبِي تَحَجَّر

أُحِبُّكِ فَوْقَ الْمَحَبَّةِ لَكِنْ

دَعِينِي أَرَاكِ كَمَا أَتَصَوَّر

صَبَاحَكِ سُكَّر

5-내 마음이 돌이 되었다고 생각하지 말아요
나는 사랑보다 당신을 더 사랑해요
나의 상상대로 당신을 보도록 내버려둬요
당신의 아침은 사탕이에요

1

صباحك (사부-후키) 당신의 아침

سكر (쑥카르) 설탕, 달콤함

كلمات (칼리마-트) 가사(니자르 깝바니)

غناء (기-나) 노래(카짐 싸히르)

تلحين (탈히-ㄴ) 작곡(카짐 싸히르)　مر (마르라) 지나갔다

يوم (야움) 하루, 날　أتذكر (아타잦카루) 내가 기억하다

أقول (아꿀-루) 내가 말하다　تحزني (타흐자니) 당신이 슬퍼하다

ذهول (주후-ㄹ) 당황, 얼빠짐　صمت (쑴트) 침묵

2

تحسبي (타흐싸비) 당신이 생각하다

شيء (샤이윤) 어떤 것

تغير (타가이야라) 변하다

أنا (아나) 나는

لا (라) 아니요

أقول (아꿀-루) 내가 말하다

أحبك (우힙부키) 나는 당신을 사랑해요

معناه (마으나-후) 그것의 의미

أكثر (아크싸루) 더 많이

③

جلست (잘라쓰티) 당신이 앉았다

أمامي (아마-미) 내 앞에

طويلا (따윌-란) 오랫동안

مملكة (마믈라카) 왕궁, 궁전

ك (카) ...처럼

④

أغمضت (아그마드투) 나는 눈을 감았다

طيبات (따이바-트) 좋은 것, 아름다움

عيني (아이나이이) 나의 두 눈

أهملت (아흘말투) 나는 소홀히 하였다

شكوي (샤크와) 불만, 불평

قميص (까미-스) 옷, 의상

معطر (무앗따르) 향기로운

تعنتيني (타으나티-니) 당신이 나를 묘사하다

موت (마우트) 죽음

شعور (슈우-르) 감정

⑤

تحسبي (타으싸비) 생각하다

قلبي (깔비) 나의 마음

تحجر (타흐자르) 돌이 되다

فوق (파우까) 위, 그 이상

محبة (마합바) 사랑

دعيني (다이-니) 나를 그냥 두세요

أراك (아라-키) 내가 당신을 보다

كما (카마) ...처럼

أتصور (아타쏴우와루) 내가 상상하다

الكلمات في جملة

إذا : إذا درست جيدا نجحت في الامتحان
열심히 공부했다면 당신은 시험에 성공했을 것이다.

مر: مرت أيام كثيرة، ولم أركِ، أين أنتِ يا حبيبة قلبي؟
많은 날들이 지났지만 나는 당신을 보지 못했어요. 내 마음의 애인이여,
당신은 어디 있지요?

يوم : يوم الأحد أذهب إلى جدي.
일요일에 나는 나의 할아버지에게 갈 것입니다.

لم : لم أكتب الواجب.
나는 숙제를 못했어요.

أتذكر: أتذكر عنواني جيدا.
나는 나의 주소를 잘 기억하고 있어요.

أقول: ماذا تقول أنا لا أفهم؟
당신은 무엇을 말하고 있어요 나는 이해가 안가요.

صباح: صباح الخير.
좋은 아침이에요.

سكر: أشرب الشاي بسكر كثير.

나는 홍차에 설탕을 많이 넣어 마십니다.

تحزن: لا تحزن واصبر.

슬퍼하지 말고 인내하세요.

ذهول: أتكلم اللغة العربية بسرعة لكن الطلاب لا يفهمون، يفتحون أفواهم في ذهول.

나는 아랍어를 빨리 말해요. 학생들은 이해하지 못하고 얼빠진 것처럼 입을 벌려요.

صمت: الكلام من فضة والصمت من ذهب.

웅변은 은이요 침묵은 금이지요.

تحسب: لا تحسب أني نسيت عيد ميلادك، أنا أتذكره جيدا.

내가 당신의 생일을 잊었다고 생각하지 말아요. 나는 그 날을 잘 기억하고 있어요.

تغير: الإنسان يتغير بسرعة.

인간은 빠르게 변한다.

حين : حين أقابلك قلبي يدق بسرعة.

내가 당신을 만날 때면 내 마음은 빠르게 고동쳐요.

معنى : ما معنى هذه الكلمة؟

이 단어의 의미는 무엇이지요?

أكثر: أحب أمي أكثر من أبي.

나는 나의 아버지보다 나의 어머니를 더 많이 좋아해요.

جلست: جلست صامتا في الفصل.
나는 교실에서 침묵을 하고 앉아 있었다.

طويل: عندي وقت طويل، لا أعرف ماذا أفعل؟
나에게 시간이 많아요. 그런데 무엇을 해야 할 지 모르겠어요.

أمام: أقف أمام الأستاذ.
나는 교수님 앞에 서 있습니다.

مملكة : مملكة كوريو مشهورة عند العرب
고려왕국은 아랍인들에게 유명합니다.

عبير: أحب رائحة العبير.
나는 향료의 향기를 좋아합니다.

أغمض : أغمض عيني وأنام.
나는 눈을 감고 잠을 잡니다.

طيبات : أحب أن أستمتع بطيبات الحياة
나는 인생의 아름다운 것들을 즐기고 싶어요.

أهمل : المعلم يهمل الطالب الكسلان.
선생님은 게으른 학생을 소홀히 합니다.

شكوى : الشكوى لله دائما
인간은 항상 하나님께 불평을 털어놓지요.

القميص : القميص الأحمر الأفضل عندي.
나는 빨강색 옷이 더 좋아요.

المعطر : الجو معطر بعطر الزهور

날씨가 꽃 향기로 향기로워요.

نعت: تنعت أمي أبي بالبخيل.

나의 어머니는 나의 아버지를 인색하다고 표현합니다.

موت : أخاف من الموت

나는 죽음이 두려워요.

الشعور : ليس عندك شعور.

당신에게는 아무런 감정이 없어요.

تحجر : عقلي تحجر لا أفهم

나의 이성이 돌이 되어 나는 이해하지 못해요.

فوق : العصفور فوق الشجرة

참새가 나무 위에 앉아 있다.

المحبة : الله محبة

하나님은 사랑이십니다.

دعيني : دع هذا الكتاب.

이 책을 두세요.

أراك: لم أرك منذ مدة طويلة.

오랫동안 당신을 보지 못했어요.

كما : أدرس كما تريد أمي

나는 나의 어머니께서 원하는 대로 공부하고 있어요.

أتصور: أتصور أنني طائر

나는 내가 한 마리의 새라는 것을 상상해봐요.

قُولي أُحِبُّكَ

غناء وتلحين : كاظم الساهر

كلمات: نزار قباني

قُولي أُحِبُّكَ
كَي تَزيدَ وَسَامَتي
فبِغَيْرِ حُبِّكِ لا أَكُونُ جَميلا

1-나를 사랑한다고 말해줘요
그러면 내가 더 멋쟁이가 될 거예요
당신의 사랑이 없이는 나는 아름다울 수가 없어요

قُولي أُحِبُّكَ كَي تَصيرَ أَصَابِعي
ذهَبًا وتُصبِحُ جَبْهَتي قِنْديلا
الآنَ قُوليها ولاتَتَرَدَّدِي بَعْضُ الْهَوَى

2-나를 사랑한다고 말해줘요 그러면 나의 손가락이
금이 되고 나의 이마는 초롱불이 될거예요
사랑을 지금 말해줘요 주저하지 말아요

لا يَقْبَلُ التَّأْجيلا

سَأُغَيِّرُ التَّقْويمَ لَوْ أَحْبَبْتِني

أَمْحُو فُصُولا أَوْ أُضيفُ فُصُولا

3-미루면 받아들이지 않을 거에요
당신이 나를 사랑한다면 나는 달력을 바꿀거에요
나는 계절을 지우고 다른 계절을 더할 거에요

وَسَيَنْتَهي الْعَصْرُ الْقَديمُ عَلَى يَدِي

وَأُقيمُ عَاصِمَةَ النِّسَاءِ بَديلا

مَلِكٌ أَنَا لَوْ تُصْبِحينَ حَبيبَتي

4-오래된 시대는 내 손에서 끝날 거에요
그리고 나는 여성의 수도로 바꿀 거예요
당신이 나의 애인이 되어준다면 나는 왕이 될거에요

أَغْزُو الشُّمُوسَ مَرَاكِبَ وَخُيُولا

لا تَخْجَلي مِنِّي فَهَذِهِ فُرْصَتي

لِأَكُونَ بَيْنَ الْعَاشِقينَ رَسُولا

5-나는 우주선과 말을 타고 올라가 태양계와 싸울거에요
수줍어하지 말아요 이번이 나의 기회에요
나는 사랑하는 연인들의 사도가 될 거에요

1

قولي (꿀-리) 나에게 말해줘요

أحبك (우힙부카) 나는 당신을 사랑해요

كي (카이) ...하기 위해 تزيد (타지-두) 더해지다

وسامتي (와싸-마티) 아름다움, 사랑

بغير (비가이르) ...없이 حبك (훕부키) 당신의 사랑

أكون (아쿠-나) 내가 ...이 되다 جميل (자미-ㄹ) 아름다운

2

تصبح (타시-루) ...가 되다 أصابع (아쏴-비으) 손가락

ذهب (다합) 금 تصبح (투스비후) ...가 되다

جبهة (자브하) 이마 قنديل (낀디-ㄹ) 초롱불, 등불

الآن (알아-나) 지금 تتردد (타타랏다두) 머뭇거리다

هوى 사랑, 좋아함

3

يقبل (야끄발루) 맞이하다 تأجيل (타으-질) 지연, 미룸

أغير (우가이루) 내가 바꾸다 تقويم (타끄위-ㅁ) 달력, 역사

أحببتني (아흐밥타니) 당신이 나를 사랑하다

أمحو (암후) 내가 지우다 فصول (푸수-ㄹ) 계절들

أضيف (우디-푸) 내가 더 보태다 ينتهي (얀타히) 끝나다

4

عصر (아스르) 시대 قديم (까디-ㅁ) 옛날의, 과거의
يدي (야다이야) 나의 두 손으로 أقيم (우끼-무) 내가 세우다, 만들다
عاصمة (아-시마) 수도 نساء (니싸-) 여성들
بديل (바디-ㄹ) 대체, 교체 ملك (말리크) 왕
أنا (아나) 나는 حبيبتي (하비-바티) 나의 애인

5

أغزو (아구주-) 나는 도전하다, 싸우다
الشموس (슈무-스) 태양 مراكب (마라-키부) 교통수단
خيول (쿠유-ㄹ) 말 تخجل (타크잘) 수줍어하다
فرصة (푸르사) 기회 هذه (하디히) 이것
أكون (아쿠-나) 내가 ...이 되다 عاشقين (아-쉬끼-나) 연인들
رسول (라쑤 –ㄹ) 사도, 전도자

الكلمات في جملة

قولي: قولي له أني أحبه

내가 그를 사랑한다고 그에게 말해주세요.

كي: أذهب إلى المكتبة كي أدرس في هدوء

나는 조용히 공부하기 위해 도서관에 갑니다.

تزيد: الهدايا بين الأحباب تزيد الحب.

선물은 사랑하는 사람들 사이에 사랑을 더하여 주지요.

وسامتي: أشعر بوسامتي جدا

나는 나의 아름다움을 느낀다.

غير: أنا غير موجود في مصر

나는 이집트에 있지 않습니다.

حبك: حبكَ بلا حدود

당신의 사랑은 국경이 없어요.

أكون: أود أن أكون وزيرا

나는 장관이 되고 싶어요.

جميل: الولد الجميل يحب أمه.
잘 생긴 소년은 그의 어머니를 사랑합니다.

تصير: صارت الحبة شجرة
씨앗이 한 그루의 나무가 되었다.

أصابع: أصابع يدي طويلة.
내 손의 손가락들은 길다.

ذهب : ألبس خاتما صنع من ذهب.
나는 금으로 만들어진 반지를 끼지요.

تصبح : البنت ستصبح أما في يوم ما.
그 소녀는 어느 날 어머니가 될 것입니다.

جبهة : جبهة هذا الرجل عريضة
이 남자의 이마는 넓습니다.

قنديل: كان الناس قديما يستخدمون القنديل لإضاءة المنزل.
옛날 모든 사람들은 집안을 밝히기 위해 초롱불을 사용했습니다.

الآن : الآن فهمت ما تقصده.
지금은 당신이 의도한 바를 이해했어요.

تتردد: دائما أتردد عند الإجابة عن أي سؤال في الامتحان.
나는 시험에서 질문에 대해 답을 할 때 항상 망설입니다.

بعض: بعض الطلاب لم يحضر أمس.
일부 학생들이 어제 출석하지 않았다.

الهوى : الهوى مثل الموت يصاب به الإنسان في أي وقت.

사랑은 죽음과 같아서 인간은 아무 때라도 상처를 받을 수 있습니다.

يقبل : عادة أبي لا يقبل رأيي، لا أعرف لماذا؟

보통 나의 아버지께서는 나의 의견을 받아주지 않는데 그 이유를 모르겠
어요.

تأجيل : تأجيل العمل أسوء شيء يفعله الإنسان.

업무의 지체는 인간이 행하는 가장 좋지 않은 것이다.

غيَّر : سأغير هذا الكتاب لأنه قديم.

나는 이 책을 교환할 것이다. 왜냐하면 오래 된 것이기 때문이다.

التقويم : التقويم الهجري يبدأ بشهر محرم

이슬람력은 무하르람 달부터 시작된다.

لو : لو يعرف الإنسان معنى الحياة لاستفاد منها أكثر.

인간이 삶의 의미를 안다면 더 많은 유익함을 얻을 것이다.

محا : أمحو كل ما كتبت لأنه خطأ.

나는 내가 기록했던 것을 다 지운다. 왜냐하면 틀렸기 때문이다.

فصول : في السنة أربعة فصول

일년은 4계절이다.

أضاف : أضيف الملح مع كل طعام

나는 모든 음식에 소금을 친다.

انتهى : متى ينتهي الفقر والجوع من العالم؟

이 세상의 가난과 배고픔이 언제 끝날까?

العصر : العصر الحديث مليء بالاختراعات.
현대 시대는 발명품들로 가득 차 있다.

القديم : هذا طراز قديم.
이것은 오래된 유행이다.

أقيم : سأقيم في كوريا لمدة سنة.
나는 한국에서 1년 동안 체류할 것이다.

عاصمة : عاصمة مصر القاهرة.
이집트의 수도는 카이로이다.

النساء : النساء جميلات دائما.
여성들은 항상 아름답다.

بديل : لا أريد بديلا عن الحب.
나는 사랑의 대리자를 원하지 않아요.

ملك : ملك مصر القديم اسمه فرعون
고대 이집트 왕의 이름은 파라오입니다.

غزا: غزا الجيش الياباني كوريا.
일본 군대가 한국을 침략했어요.

الشموس: هؤلاء البنات جميلات مثل الشموس.
이 소녀들은 태양처럼 아름답습니다.

مراكب : رأيت المراكب في نهر النيل.
나는 나일강에서 배를 보았습니다.

خيول: الخيول سريعة جدا.
말들은 무척 빠릅니다.

تخجل : لا تخجل وأنت تتكلم اللغة العربية.
수줍어 말아요. 당신은 아랍어를 잘해요.

فرصة: أريد الحصول على فرصة للحوار مع العرب.
나는 아랍인들과 대화할 기회를 얻고 싶어요.

العاشق : أنا عاشق الجمال
나는 아름다운 것을 좋아합니다.

رسول: رسول المحبين الورد
사랑하는 사람들 간의 사신은 장미꽃입니다.

Melody4Arab.com

عـــربي أنـــــا

كلمات وتلحين وغناء

يورى مرقدى

عَربيٌّ أَنَا اِخْشِيني
وَيْلٌ إذَا أَحْبَبْتِني
قَلْبي قَفصٌ دَهْرِيٌّ

1-나는 사람 남자에요 나를 두려워하세요
만일 당신이 나를 사랑한다면 재앙이 있을 거에요
내 마음은 시대의 새장이에요

يَحْرُسُهُ رُمْحُ مَخْمَلِي
أَغْرَقَنِي لَوْنُ الْبَحْرِ فِي عَيْنَيْكِ
وعَادَتْ وانْتَشَلَتْنِي خُصَلُ شَعْرِكِ

2-베르베트의 화살로 사랑을 지킬거에요
당신의 두 눈에 있는 바다 색깔이 나를 빠지게 하였어요
당신의 머리채가 돌아와 나를 건져내었어요

ونِمْتُ وحَلُمْتُ
وأَشْبَعَنِي رَحِيقُ شَفَتَيْكِ
عَدَّلْتُ لَكِ أَنَا دَقَّاتِ قَلْبِي

3-나는 잠을 자고 꿈을 꾸었어요
당신의 두 입술에 있는 달콤한 꽃가루로 배가 불러요
나는 당신을 위해 내 마음의 고동을 바꾸었어요

لِتَرْقُصِي مَعِي رَقْصَكِ الْمُفَضَّلِ
ونِمْتُ وحَلُمْتُ
وأَشْبَعَنِي رَحِيقُ شَفَتَيْكِ

4-나와 함께 춤을 추어요 당신이 좋아하는 춤을
나는 잠을 자고 꿈을 꾸었어요
당신의 두 입술에 있는 달콤한 꽃가루로 배가 불러요

1

عربى (아라비) 아랍 사람   أنا (아나) 나는

أخشينى (아크쉬-니) 나를 두려워해요

ويل (와일) 재앙, 불행   إذا (이다) 만약 ...한다면

أحببتني (아흐밥타니) 나를 사랑한다면

قلبي (깔비) 내마음   قفص (까파스) 새장

دهري (다흐리) 내 시대의   يحرس (야흐리쑤) 경계.보호하다

رمح (라므흐) 화살   مخملي (마크말리) 마크말

أغرقني (아그라까니) 나를 빠뜨리다

لون (라운) 색깔   بحر (바흐르) 바다

في (피) 안에

عينيك (아이나이카) 당신의 두 눈에

عادت (아-다트) 돌아왔다

انتشلتني (인타샬라트니) 구제하였어요

خصل (쿠슬) 댕기   شعر (샤으르) 머리카락

2

نمت (님투) 나는 잠을 잤어요

حلمت (할룸투) 나는 꿈을 꾸었어요

أشبعني (아쉬바아니) 나를 배부르게 했어요

رحيق (라히-끄) 꽃화분

شفتيك (샤파타이키) 당신의 두 입술

3

عدلت (아달투) 바꾸었어요   لك (라키) 당신을 위해
دقات (다까-트) 고동, 뜀, 설레임   ل (리) …하기 위해

4

ترقصي (타루꾸씨) 춤을 추다   معي (마이) 나와 함께
رقص (라끄스) 춤
مفضل (무팟돨) 선호하는, 좋아하는

الكلمات في جملة

عربي : هذا الطالب عربي
이 학생은 아랍 사람입니다.

خشى : أخشى الله.
나는 하나님을 두려워합니다.

ويل : ويل للطالب الكسول.
태만한 학생들에게 징벌이 있을 것이라.

قلب: قلبي مريض بحبكِ.
나의 마음은 당신에 대한 사랑으로 병이 나 있어요.

قفص : العصفور في القفص.
참새가 새장에 있다.

دهري: الزواج مني دهري.
나와의 결혼은 영원한 것입니다.

يحرس : الكلب يحرس البيت.
개는 집을 지킵니다.

رمح : كان يستخدم الرمح قديما في الحروب.
옛날에는 화살이 전쟁에서 사용되었습니다.

أغرق: أغرق الولد البطة في البحيرة
그 소년은 오리를 호수에 물에 잠수시켰다.

لون : لون السماء أزرق.
하늘색깔은 청색이다.

البحر : البحر هائج.
바다에 파도가 일고 있다.

عاد : عاد صديقي من الجامعة
나의 친구는 대학에서 돌아왔다.

انتشل : انتشلت البطة التي كادت تغرق
물에 빠졌던 오리가 구제되었다.

خصل : صبغت خصل شعري باللون الأصفر.
나의 머리댕기는 노란색으로 염색되었다.

نام : أنام مبكرا.
나는 일찍 잔다.

حلم : حلمت حلما مزعجا أمس
나는 어제 불안한 꿈을 꾸었다.

أشبع : هذا الطعام أشبعني
나는 이 음식으로 배가 부르다.

رحيق : تمص النحلة رحيق الزهور

벌은 꽃가루를 빨아먹습니다.

شفة : أضع أحمر شفاه

나는 그의 입술을 빨갛게 칠하였다.

عدل : أعدل ملابس قبل الخروج من الحمام

나는 화장실에서 나오기 전에 옷을 바르게 한다.

دقة : دقات قلبي سريعة

내 가슴의 고동소리가 빠르다.

رقص: أريد أن أرقص معك

나는 당신과 함께 춤을 추고 싶어요.

المفضل : هذا هو الكتاب المفضل عندي

이것이 바로 내가 선호하는 책이다.

علي صوتك بالغنا

غناء : محمد منير

كلمات : كوثر مصطفى

تلحين : كمال الطويل

عَلِّي صُوتَكَ بالغُنَا لِسَّه الأَغَاني مُمْكِنَة
ولِسَّه يَامَه يَامَا يَامَا فِي عُمْرِنَا
على صوتك بالغنا لسه الاغانى ممكنه

1-소리 높여 노래 불러요 아직 부를 노래가 많아요
아직 우리의 인생에는 많은 것이 남아 있어요
소리 높여 노래 불러요 아직 부를 노래가 많아요

وَلَو فِي يُوم رَاحَ تِنْكِسر لَازِم تُقُوم
وَاقِف كَمَّا النَّخْل بَاصِص للسَّمَا
ولَا اِتْهِزَام ولَا اِتْكِسَار ولَا خُوف ولَا

2-만일 패배하는 날이 있더라도 당신은 반드시
하늘을 보고 날아가는 벌처럼 도전해야 해요
패배해서도 안되고 좌절해서도 안되고 두려워해서도 안되요

ولَا حِلْم نَابت فِي الْخَلَا
عَلِّي صُوتَكَ بالْغُنَا لِسَّه الْأَغَانِي مُمْكِنَة
غِنْوُتَك وِسْط الْجُمُوع تِهَزّ قَلْبِي اللى اِنْفَرَح

3-공터의 잡초 같은 꿈이 되어서도 안되요
소리 높여 노래 불러요 아직 부를 노래가 많아요
대중 속에서 부르는 당신의 노래는 나의 마음을 흔들고 그 기쁨은

تَدَاوِي جَرْحِي اللى اِتْجَرَح
تُرْقُص أَرْقُص غَصْب عَنِي أَرْقُص
يِنْشِبِك حِلْمَك فِي حِلْمِي

4-상처 난 나의 상처를 치료해 줘요
춤을 추고 싶거든 춤을 추워요 원하지는 않지만 나도 춤을 출께요
당신의 꿈이 나의 꿈속에 함께하고 있어요

تُرْقُص أَرْقُص غَصْب عَني أَرْقُص
ولا اِتْهِزام ولا اِتْكِسَار ولا خُوف ولا
ولا حِلْم نَابت في الْخَلا

5-춤을 추고 싶거든 춤을 추어요 원하지는 않지만 나도 춤을 출께요
패배해서도 안되고 좌절해서도 안되고 두려워해서도 안되요
공터의 잡초 같은 꿈이 되어서도 안되요

عَلِّي صُوتَكَ بالْغُنَا لِسَّه الأَغَاني مُمْكِنَة
غِنْوُتَك وسْط الْجُموع تِهَزّ قَلْبي اللى اِتْفَرح
تَدَاوِي جَرْحي اللى اِنْجَرَح

6-소리 높여 노래 불러요 아직 부를 노래가 많아요
대중 속에서 부르는 당신의 노래는 나의 마음을 흔들고 그 기쁨은
상처 난 나의 상처를 치료해 줘요

1

على (알리) 높이세요   صوت (사우트) 소리

غناء (기나) 노래   لسع (릿싸아) 아직(방언)

ياما (야-마) ....   عمر (우므르) 나이

ممكن (뭄킨) 가능한   أغانى (아가-니) 노래

2

ولو (와 라우) ...일지라도   يوم (야움) 하루, 날

تنكسر (탄카씨루) 패배하다   لازم (라-짐) 꼭, 반드시

تقوم (타꾸-무) 일어서다   واقف (와-끼프) 도전하다, 대적하다

كما (카마) ...처럼   نخل (나클) 벌

باصص (바-시스) 보고, 향하고   سماء (싸마-) 하늘

انهزام (인히자-ㅁ) 패배, 좌절   انكسار (인키싸-르) 좌절, 패배

خوف (카우프) 두려움   لا (라-) 아니요

3

حلم (훌므) 꿈   نبات (나바-트) 식물, 잡초, 풀

فى (피-) 안에   خلاء (칼라-) 공터

غنوة (기누와) 노래   وسط (와쓰따) 중앙, 가운데

جموع (주무-으) 대중   تهز (타훗주) 흔들다

قلب (깔브) 마음	اللى (일리) 관계대명사(방언)
انفرح (인파라하) 기쁘다

4

تداوى (투다-위) 치료하다
جرح (자르흐) 상처	انجرح (인자라하) 상처나다

5

ترقص (타르꾸수) 춤을 추시오	أرقص (아르쿠수) 내가 춤을 추다
غصب عن (가스바 안) ...에도 불구하고

الكلمات في جملة

عَلِّي: أنا لا أسمع علي صوتك.
들리지 않는데 너의 목소리 좀 높여.

الغناء= الغناء: أحب الغناء القديم.
나는 오래된 노래가 좋아요.

لسه = ما زال: ما زال= لسه أبي خارج البلاد.
나의 아버지는 아직도 외국에 계십니다.

الأغاني: الأغاني الكورية أصبحت مشهورة في العالم.
한국노래는 세계에서 유명해요.

ممكنة: كل شيء ممكن، ما في مستحيل.
모든 것은 가능하다. 불가능한 것이란 없다.

ياما = كثير: هل عندك سؤال ؟ نعم. عندي ياما.
질문 있어요? 예 질문 많아요.

عمرنا: عمرنا قصير مهما طال.
오래 산다 해도 인생은 짧다.

يوم : يوم الجمعة عطلة في البلاد العربية.
아랍국가에서 금요일은 공휴일이다.

لازم : من اللازم أن تستريح في البيت؛ لأنك متعب.
당신은 집에서 휴식을 취해야 합니다. 왜냐하면 당신은 지쳐있어요.

تقوم: أمي تقوم من النوم مبكرا جدا.
나의 어머니는 잠에서 무척 일찍 일어나십니다.

واقف : أستاذي واقف.
나의 교수님은 서 계십니다.

كما : البنت كما القمر.
그 소녀는 달과 같습니다.

النخل: لا يوجد في كوريا نخل
종려나무는 한국에 없습니다.

باصص : أنا باصص لمدرسي دائما.
나는 항상 나의 선생님을 보고 있습니다.

للسماء: السماء ملبدة بالغيوم اليوم، ربما تسقط الأمطار.
오늘 하늘에 구름이 끼여있습니다. 아마도 비가 올 것 같아요.

انهزام : إذا فشلت في الامتحان فلا تشعر بانهزام أو انكسار.
시험에 실패하더라도 좌절하거나 패배감을 갖지 말아요.

خوف : الخوف صديق الفشل، فلا تخاف.
두려움은 실패의 친구이므로 두려워 말아요.

حلم : كل إنسان عنده حلم يريد أن يحققه.
모든 인간은 자신이 실현하고 싶은 꿈을 갖고 있지요.

نابت : الفلفل نابت في الأرض.
고추는 땅에서 자랍니다.

الخلاء: أحب أن أمشي في الخلاء
나는 공터에서 거니는 것을 좋아합니다.

غنوة: غنوة أم كلثوم طويلة.
움무 쿨쑴의 노래는 길다.

وسط: أمشي وسط الطلاب.
나는 학생들 가운데서 걷고 있다.

الجموع : الجموع كثيرة أمام الجامعة.
대학교 앞에 많은 군중이 있다.

هز: أهز الرضيع فيسكت
어린이를 흔들어 주니 조용해졌다.

اللى = الذي (كل الأسماء الموصولة) الطالب اللي يدرس جيدا ينجح.
열심히 공부하는 학생은 성공한다.

انفرح= **فرح**: فرحت بالنجاح.
나는 성공하여 기뻤다.

داوى : الطبيب يداوي جرحي الذي جرح في المباراة

시합에서 부상당한 상처를 의사가 치료하고 있다.

ترقص : هل تريد أن ترقص؟ بكل سرور

당신은 춤을 추고 싶나요? 기꺼이.

غصب: أذهب إلى المحاضرة غصب عني، هذه محاضرة صعبة جدا.

강의가 무척 어려운데도 불구하고 나는 이 강의에 들어간다.

انشبك : انشبك فستاني في الخاتم.

남녀 애인간의 손가락들이 뒤엉켜 있다.

posted at
ARABIA4SERV.COM

مَعَ السَّلامَة يَا اِبْتِسَامَة الزَّهْر

غناء : علي الحجار

كلمات : عبد الرحمن الأبنودي

تلحين : أمير عبد المجيد

مَعَ السَّلامَة يَا نَسِيم الْحَيَاة
مَعَ السَّلامَة يا اِرْتِعَاشَة مَصْر

1-꽃들의 미소여 안녕
생명의 산들바람이여 안녕
이집트의 봉기여 안녕

أَنْت الشَّهِيد اللي اِتَّقتَلنَا مَعَاه

أَنْت بتَبْعِد للبَعِيد

وإحْنَا بِإِصْرَارَنَا الْعَنِيد

2-당신은 함께 싸우다 죽은 순교자
당신은 멀리 멀리 가고 있어요
우리는 강한 의지를 갖고 있어요

رَسَمْنَا وُشِك شَمْس عِيد

ضَحْكِة وَلِيد شَهْقَة نَشِيد وَطَن جَدِيد وطن سَعِيد

والاِسْم مَصْر

3-우리는 축제의 태양 당신의 얼굴을 그렸어요
당신은 어린이가 웃고 노래하는 새로운 조국과 행복한 조국을 만들었어요
그 이름은 이집트에요

يَا صَرْخَة تَصْعَد لِلعُلا وتُبُوح

من القَسْوَة عَلَي أَرْض الْحَيَاة والبَشَر

هَانَتْ عَلَيْك الرُّوح وقُلْت تُرُوح

4-고함소리여 하늘로 올라가 말해요
준엄하게 생명과 인간의 대지 위에서
당신 순교자는 영혼을 바쳤어요 그리고 말했어요 전선으로 가요

تَدَّقُ بَادِيك قَلْب بَاب الْقَدر
بعْتَ الْحَيَاة بالْمَوت
ولا أَنْت بالْموت اِشْتَريتَ الْحَيَاة

5-당신의 두 손으로 운명의 문 마음을 두드려요
나는 죽음을 팔아 생명을 샀어요
당신은 죽지 않았어요 내가 그 생명을 샀어요

ووَقَفْتَ للجبرُوت
ووَقَفْنَا بَعْدَك مَرْفُوعِين الْجبَاه
اتَّمد يَا دِرَاع الشَّهيد اتمَد

6-당신은 폭군에게 대항했어요
우리는 당신을 따라 우리의 얼굴을 똑바로 들었어요
순교자의 팔이여 휴식을 취해요

وشَهَدَ النَّاس والشُّمُوس والإِله
مَا هُو أَنْت كُنْتَ همَّنا
وإِحْنَا هَمَّك يَا شَهِيد

7-사람들과 태양과 하나님께서 지켜보았어요
당신은 우리에게 중요하고
순교자여 우리는 당신에게 중요해요

دَمَّك بَقِي مِنْ دَمِّنَا
رَسَمْنَا وُشِك شَمْس عِيد
ضَحْكِة وَلِيد شَهْقَة نَشِيد وَطَن جَدِيد وطن سَعِيد
والإسْم مَصْر

8-당신의 피는 우리의 피가 되어 남아 있어요
우리는 축제의 당신의 얼굴을 그렸어요
당신은 어린이가 웃고 노래하는 새로운 조국과 행복한 조국을 만들었어요
그 이름은 이집트에요

1

كلمات (칼리마-트) 어휘, 가사

شاعر (샤-이르) 시인

كبير (카비-르) 큰, 위대한

ألحان (알하-느) 작곡

غناء (기나-) 노래

أغنية (우그니야) 노래들

مع السلامة (마아 쌀라-마) 안녕

ابتسامة (이브티싸-마) 미소

زهر (자흐르) 꽃

نسيم (나씨-므) 산들바람, 미풍

حياة (하야-) 생명, 삶

ارتعاشة (이리티아-샤) 봉기, 흔들림, 떨림

مصر (미스르) 이집트

2

أنت (안타) 당신

شهيد (샤히-드) 순교자, 증인

اللى (일리) 관계대명사(방언)

اتقتل (잇까탈라) 싸우다

مع (마아) 함께

تبعد (타부우드) 멀리하다

بعيد (바이-드) 먼, 머나먼

احنا (이흐나) 우리(방언)

اصرار (이스라-르) 의지, 고집

عنيد (아니-드) 완고한, 강한

(3)

رسم (라싸마) 그림을 그리다

وش (위솨) 얼굴(방언)　　　شمس (쌈쓰) 태양

عيد (이-드) 축제, 명절　　　ضحكة (돠히카) 폭소, 큰 웃음

وليد (왈리-드) 어린에, 젖먹이

شهقة (샤흐까) 외침, 고함, 신음소리, 한숨

نشيد (나쉬-드) 노래, 가곡, 서사시　　　وطن (와똰) 나라, 조국, 나라

جديد (자디-드) 새로운　　　سعيد (싸이-드) 행복한, 기쁜

اسم (이씀) 이름

(4)

صرحة (솨르카) 외침, 고함, 비명

تصعد (타스우드) 오르다　　　علا (알라) 높이, 높은 곳으로

تبوح (타부-후) 말하다, 누설하다　　　على (알라) ...위에

أرض (아르드) 땅, 지구　　　بشر (바샤르) 인간, 인류

هانت (하-나트) 하찮다, 대수롭지 않다

روح (루-흐) 영혼, 정신

قولت (꿀타) 당신이 말했다　　　تروح (타루-후) 당신은 가다

(5)

تدق (타둣꾸) 두드리다

باديك (비야다이카) 당신의 두 손으로(방언)

قلب (깔브) 마음　　　باب (바-브) 문

قدر (까다르) 운명　　　بعت (비으타) 당신은 팔았다

موت (마우트) 죽음
اشتريت (이쉬타라이타) 당신은 샀다

6

وقف (와까파) 대적하다
بعدك (바으다가) 당신을 따라
جباه (자바) 얼굴
دراع (디라-아) 팔

جبروت (자바루-트) 폭군
مرفوع (마르푸-으) 들어올림
اتمد (잇타뭇두) 앞으로 뻗치다

7

شهيد (샤히-드) 순교자, 증인
ناس (나-쓰) 사람들
الله (알라후) 하나님

شموس (슈무-쓰) 태양
هم (함므) 중요한

8

دم (담) 피

بقي (바끼야) 남다

الكلمات في جملة

مع السلامة: أراكم فيما بعد مع السلامة

다음에 만나요. 안녕.

ابتسامة : الابتسامة تطيل العمر.

미소는 생명을 연장시킨다.

الزهر: الزهر رائحته طيبة.

그 꽃의 향기가 좋다.

نسيم : نسيم الربيع بديع.

봄바람은 아름답다.

الحياة: الحياة حلوة .

삶은 달콤하다.

ارتعاشة : عندي ارتعاشة في يدي، لا أعرف لماذا؟

나는 손 떨림 증상이 있는데 그 이유를 모르겠어요.

مصر : مصر من أكبر البلاد العربية؟

이집트는 큰 아랍 국가들 중에 하나다.

الشهيد : الشهيد من مات وهو يدافع عن بلده.
순교자는 국가를 지키다가 죽은 사람입니다.

اتقتل = قُتِل: اتقتل الناس بسبب الثورة
혁명으로 사람들이 죽었다.

تبعد : لماذا تبعد عني؟! اقترب مني.
너는 왜 나를 멀리하니? 나에게 가까이 하렴.

بعيد: بيتي بعيد عن جامعتي.
나의 집은 나의 대학교에서 멀리 떨어져 있다.

احنا= نحن: احنا الطلاب
우리는 학생들입니다.

إصرار: عندنا إصرار علي الفوز في المسابقة
우리는 경쟁에서 승리할 의지를 갖고 있습니다.

العنيد: هذا طفل عنيد
이 어린이는 고집이 있어요.

رسم: رسم الولد زهرة
그 소년은 꽃을 그렸어요.

وشك = وجهك: وشك جميل
당신의 얼굴은 아름다워요.

شمس : الشمس ساطعة اليوم.
오늘은 태양이 눈부시다.

عيد : في عيد تشوسوك يذهب الكوريون إلى المقابر
추석명절에 한국인들은 산소를 찾습니다.

ضحكة : ضحكته عالية جدا
그의 웃음 소리는 무척 크다

وليد : هذا الوليد يشبه أباه.
이 아이는 그의 아버지를 닮았다.

شهقة : شهق أبي شهقة عالية عندما رأى درجتي في الامتحان.
나의 아버지께서는 나의 시험성적을 보자마자 큰 한숨을 쉬셨다.

نشيد : ما هو النشيد الوطني الكوري.
한국 애국가는 어떻게 되지요?

صرخة : صرخ أخي صرخة قوية عندما ضربه أبي.
나의 동생은 나의 아버지가 그를 때리자 고함을 크게 질렀다.

صعد: أصعد السلم بسرعة.
나는 에스컬레이터에 빨리 오릅니다.

العلا : من طلب العلا سهر الليالي.
높은 것을 추구하는 자는 밤을 지새우지요.

باح: يبوح صديقي بسري.
나의 친구는 나의 비밀을 누설합니다.

القسوة : ما هذه القسوة.
이것은 얼마나 잔인한가.

البشر : نحن البشر نسخر من الحيوانات.

우리는 동물을 이용하는 인간이다.

هان: لماذا انتحر هذا الشاب، كيف هانت عليه روحه.

왜 이 젊은이가 자살했지요? 왜 그의 영혼은 자신을 하찮게 여겼을까?

قلت : ماذا قلت؟

당신은 무어라고 말했지요?

تروح : متى تروح المدرسة؟

너는 언제 학교에 가니?

تدق : الطالبة تدق الباب.

여학생이 문을 두드리고 있다.

القدر : القدر جاء بي إلى كوريا.

나는 운명에 의해 한국에 오게 되었다.

بعت : بعت سيارتي القديمة أمس واشتريت سيارة جديدة.

나는 어제 오래된 나의 자동차를 팔고 새 차를 구입했다.

الموت : الموت مكتوب على كل إنسان.

죽음은 모든 인간에게 이미 기록되어 있다.

وقف : وقف العصفور فوق الشجرة.

참새가 나무 위에 앉았다.

الجبروت : ينتشر الجبروت في البلاد العربية من قبل الحكام.

통치자들 중에서 폭군이 아랍국가들에 퍼지고 있다.

مرفوع : أنا دائما مرفوع الجبهة لا أنحني لأحد.

그는 어느 누구에게도 이마를 숙이지 않고 항상 쳐들고 있다.

اتمد= مدّ: مدّ يدك وسلم عليَّ

너의 손을 내밀어 나에게 인사해.

دراع = ذراع: ذراعي طويلة

나의 팔은 길다.

شهد : أشهد أن لا إله إلا الله

하나님 외에는 어떤 신도 없다는 것을 나는 선서합니다.

الناس : الناس يحبون النفاق.

사람들은 위선을 좋아합니다.

همنا: هم الأم الأطفال.

어머니는 아이들을 걱정하셨습니다.

دم : دمي لونه أحمر

나의 피 색깔은 빨간색입니다.

بقي = أصبح: بقى الطالب أستاذا

그 학생은 교수가 되었습니다.

<u>القصيدة التاسعة</u>

إنِّـــي خَيَّرْتُـــكِ

غناء وتلحين كاظم الساهر

كلمات نزار قباني

إِنِّـــي خَيَّرْتُـــكِ .. فَاخْتَارِي
مَا بَيْنَ الْمَوْتِ عَلَى صَدْرِي..
أَوْ فَوْقَ دَفَاتِرَ أَشْعَارِي..

1-나는 당신을 선택했어요 당신도 선택을 하세요
나의 가슴에서 죽든지
아니면 나의 시집에서 죽든지

اِخْتَارِي الْحُبَّ .. أَو اللاحُبَّ
فَجُبْنٌ أَنْ لَا تَخْتَارِي..
لا تُوجَدُ مِنْطَقَةٌ وُسْطَى

2-사랑을 선택하든지 아니면 아니라고 하세요
선택하는 것이 그렇게도 두렵나요
사랑에는 중용이란 없어요

مَا بَيْنَ الْجَنَّةِ وَالنَّارِ..
اِرْمِي أَوْرَاقَكِ كَامِلَةً..
وَسَأَرْضَى عَنْ أَيِّ قَرَارٍ..

3-천국과 지옥 중에 하나를 선택해요
당신의 종이를 모두 던져버리세요
나는 어떤 결정에도 만족할 거에요.

قُولِي اِفْعَلِي اِنْفَجِرِي
لا تَقِفِي مِثْلَ الْمِسْمَارِ ..
لا يُمْكِنُ أَنْ أَبْقَي أَبَدًا

4.사랑을 말해요 행동으로 옮겨요 폭발시켜요
박힌 못처럼 서 있지 말아요
나는 영원히 남아 있을 수 없어요.

كَالقَشَّةِ تَحْتَ الأَمْطَارِ
مُرْهَقَةٌ أَنْتِ .. وخَائِفَةٌ
و طَوِيلٌ جِدًّا .. مِشْوَارِي

5.비 맞은 하나의 지푸라기처럼 말이에요
당신은 힘들어하고 .. 두려워하고 있어요
무척 긴 .. 길이에요

غُوصِي فِي البَحْرِ .. أَو اِبْتَعِدِي
لا بَحْرَ مِنْ غَيْرِ دَوَارِ ..
الحُبُّ مُوَاجِهَةٌ كُبْرَى

6.바다로 뛰어들어요 .. 아니면 멀리하세요
현기증이 나지 않는 바다는 없어요
사랑은 큰 위험에 직면하지요.

إِبْحَارٌ ضِدَّ التَّيَّار
صَلْبٌ .. وعَذَابٌ .. ودُمُوعٌ
ورَحِيلٌ بَيْنَ الأَقْمَارِ

7.바다는 역풍을 맞지요
강하고 .. 달콤하고 .. 눈물 같은
그러면서 별 사이를 여행하지요

يَقْتُلُني جُبْنُكِ .. يَا اِمْرَأَةٌ
تَتَسَلَّى مِنْ خَلْفَ سِتَارِ..
إِنِّي لا أُؤمِنُ فِي حُبِّ

8. 여인이여, 당신의 두려움 때문에 나는 죽을 것 같아요
당신은 가리개 뒤에서 나의 고통을 즐기고 있나요
나는 사랑을 믿을 수가 없어요

لا يَحْمِلُ نَزقَ الثُّوَّارِ..
لا يَضْرَبُ مِثْلَ الإِعْصَارِ
.. لا يَكْسَرُ كُلَّ اَلأَسْوَارِ

9 설렘과 흥분이 없는 사랑은 믿을 수 없어요
사랑은 폭풍과 같은 것이어야 해요
모든 벽을 무너뜨리지 않는 사랑은 믿을 수 없어요

آه لَوْ حُبُّكِ يَبْلَعُني يَقْلَعُني
مِثْلَ الإِعْصَارِ

10.당신의 사랑이 나를 삼켜버리고 뿌리 채
뽑아버린다면
폭풍처럼 말이에요.

1

إني (인니) 실로 나는

خيرتك (카이야르투키) 나는 너를 선택했다

اختاري (이크타-리) 선택해요　　　　ما بين (마 바이나) …사이에 있는 것을

الموت (알마우트) 죽음

على صدري (알라 쑈드리) 내 가슴위에

أو (아우) 혹은, 아니면　　　　فوق (파우끄) 위에

دفاتر (다파-티루) 공책　　　　أشعاري (아쉬아-리) 나의 시, 나의 감정

2

الحب (알 부) 사랑　　　　اللاحب (알라훕브) 사랑이 아닌 것

جبن (주븐) 두려움, 비겁　　　　لا توجد (라 투-자드) 없다

منطقة (만띠까) 지역　　　　وسطى (우쓰따) 중앙, 가운데

3

الجنة (알잔나) 천국　　　　النار (안나-르) 지옥

ارمي (이르미) 던져버려요　　　　أوراق (아우라-끄) 종이들

كاملة (카-밀라) 완전하게, 모두

سأرضى (싸우르다) 나는 만족할 거에요

أي (아이유) 어떤,　　　　قرار (까라-르) 결정

4

قولى (꿀-리) 말해요
انفجري (인파즈리) 폭발시켜요
مثل (미쓸라) ...처럼
لا يمكن (라 윰킨) 불가능한
أبدا (아바단) 영원히, 오래오래

انفعلى (인파알리) 행동으로 옮겨요
لا تقفي (라 타끼피) 서있지 말아요
مسمار (미스마-르) 못, 핀
أبقي (아브까) 내가 남아 있다

5

كالقشة (칼 낏샤) 지푸라기처럼
الأمطار (알암따-르) 비
مرهقة (무르히까) 힘들어하는, 지쳐있는
أنت (안티) 당신(여성)
طويل (따위-르) 긴, 오랜
مشوار (미슈와-르) 길

تحت (타흐타) 아래, 밑에

خائفة (카-이파) 두려운, 두려워하는
جدا (짓단) 대단히, 무척

6

غوصي (구-씨) 잠수하세요
أو (아우) 혹은
غير (가이르) ...이 아닌, 없는
مواجهة (무와-지하) 직면

في البحر (필 바흐리) 바다 속으로
ابتعدى (이브타이디) 멀리하세요
دوار (다와-르) 현기증, 어지러움
كبرى (쿠브라) 큰

7

إبحار (이브하-르) 바다
التيار (앗티야-르) 흐름, 경향

ضد (뒷다) 반대, 반대하여
صلب (술브) 견고한, 견실한

عذاب (아자-브) 달콤한   دموع (두무-으) 눈물

رحيل (라히-ㄹ) 떠남   الأقمار (알아끄마-르) 위성들, 별들

8

يقتلني (야끄틀루니) 나를 죽이디   جبينك (자비-ㄴ키) 딩신의 두려움

يا امرة (야 이므라아) 여인이여   تتسلى (타타쌀라) 즐기다

من خلف (민 칼프) 뒤에서   ستار (시타-르) 가리개, 커튼

أؤمن (우우미누) 믿다   حب (홉브) 사랑

9

نزق (나자끄) 경솔, 신경질

يحمل (야흐밀루) 담고 있다, 갖고 있다

ثوار (싸와-르) 흥분, 설렘

يكسر (야크쑤르) 무너뜨리다, 부수다

كل (쿨루) 모두   أسوار (아쓰와-르) 벽, 담벽

يضرب (야드리부) 때리다, 치다   أعصار (아으솨-르) 폭풍

10

آه (아-아) 아!   يبلعني (야블루으니) 나를 삼키다

يقلعنى (아끌우으니) 나를 뿌리채 뽑다

مثل (미쓸루) ...처럼   الأعصار (알아으솨-르) 폭풍

الكلمات في جملة

خَيَّر : أُخيِّر ابني بين مشاهدة التليفزيون أو الخروج إلى الحديقة؛ فيختار الخروج

나는 나의 아들이 TV시청 혹은 정원으로 외출 중에서 선택하도록 하였다. 그러자 아들은 외출을 선택했다.

الموت : موت الأهل صعب الاحتمال.

가족의 죽음은 견디기 힘들다.

صدر: صدري يؤلمني جدا

나의 가슴이 무척 아프다.

دفاتر : أشتري الدفاتر.

나는 공책들을 구입한다.

أشعار : أشعار الحب تمس القلب

사랑의 감정은 마음을 어루만진다.

جبن: أكرهُ جبنَ الناس

나는 사람들의 비겁함을 싫어한다.

توجد : توجد الجميلات في كوريا كثيرا
한국에는 아름다운 것들이 많다.

منطقة : في أية منطقة تسكن؟
당신은 어느 지역에 살고 있습니까?

وسطى : لا أحب المواقف الوسطى.
나는 중립적 입장을 좋아하지 않습니다.

الجنة: المؤمنون يدخلون الجنة، والمذنبون يدخلون النار
믿는 자들은 천국에 들어가고 죄인들은 지옥에 들어가지요.

ارمي : يا فاطمة ماذا تمسكين؟ هذا الشيء متسخ جدا، ارميه.
파티마야, 무엇을 쥐고 있니? 이것들은 아주 더러우니 그것을 버리렴.

أوراق: أوراق الكتابة بيضاء
필기용지들이 하얗다.

كاملة : أسمع القصة كاملة من صديقي
나는 친구로부터 이야기 전모를 듣고 있다.

رضى : رضى الرجل بنصيبه من الحياة
그 남자는 자신의 운명과 몫에 만족하였다.

قرار : هذا قرار خطير، كيف اتخذته؟
이것은 대단히 중요한 결정인데 어떻게 채택하였지요?

انفعل: أمي تنفعل دائما إذا لم أسمع كلامها.
나의 어머니께서는 내가 그녀의 말을 듣지 않으면 화를 내십니다.

انفجر: انفجرت القنبلة في الشارع

거리에서 폭탄이 터졌다.

وقف: أنا أقف وأنت تجلس

나는 서 있고 당신은 앉아 있습니다.

مثل : هذا الكتاب مثل ذلك الكتاب.

이 책은 저 책과 같습니다.

المسمار: في الكرسي مسمار بارز

나의 의자에 못이 튀어나와 있어요.

أبقى: أبقى بجانب أمي عندما تكون مريضة

나는 어머니께서 아플 때 어머니 곁에 남아 있습니다.

أبدا: لم أشرب خمرا أبدا

나는 절대로 술을 마시지 않아요.

القشة: هذا البيت من القشة

이것은 지푸라기로 지어진 집이다.

مرهقة : أنا مرهقة جدا بسبب العمل الكثير

나는 일이 너무 많아 괴롭다.

خائفة : أنا خائفة من الأسد

나는 사자가 무섭다.

مشوار: مشوار الألف ميل يبدأ بخطوة

천리 길도 한 걸음부터 시작된다.

غاص: أحب أن أغوص في البحر الأحمر

나는 홍해에서 잠수하고 싶다.

ابتعد: ابتعد عني لا أريد أن أراك

나는 너를 보기 싫으니 나에게서 멀리 있어.

مواجهة: توجد مواجهة كبرى بين الأحزاب

정파 사이에는 큰 대립이 있다.

إبحار: لا نستطيع الإبحار ضد التيار

나는 조류에 역행하여 항해할 수 없다.

صَلب : أنا صلب "قوي" جدا

나는 무척 강하다.

عذاب : عذاب الضمير صعب

자신에 대한 힐책은 어렵지요.

رحيل: لا أحب الرحيل

나는 여행을 좋아하지 않습니다.

جبن: أحب الشجاعة وأكره الجبن

나는 용기를 좋아하고 비겁함을 싫어합니다.

تسلى: أتسلى بمشاهدة الأفلام في العطلة

나는 휴가 때 영화관람을 즐깁니다.

ستار: أرخي الستار لأنام

나는 잠을 자기 위해 커튼을 내립니다.

اؤمن : أؤمن بالله
나는 하나님을 믿습니다.

نزق: هَدِّئْ دَمَكَ يَا وَلَدُ وَخَلِّ عَنْكَ الطَّيْشَ وَالنَّزَقَ
애야, 흥분하지 말고 경솔하거나 경박해서는 안 된다.

الثوار: الثوار يقفون في الميدان
혁명가들이 광장에 서 있다.

الإعصار: ضرب الإعصار ساندي أمريكا في الخريف الماضي
폭풍이 지난 가을에 미국의 시드니를 때렸다.

يبلع: أبلع الطعام بدون مضغ
나는 음식을 씹지 않고 삼킨다.

يقلع: يقلع الفلاح الشجرة المريضة
농부는 병든 나무를 뽑아낸다.

لِــــمَاذَا

شعر: نزار قباني

غناء: غادة رجب

تلحين: كاظم الساهر

لِمَاذَا تَخَلَّيْتَ عَنِّي
إذَا كُنْتَ تَعْلَمُ أَنِّي ...
أُحِبُّكَ أَكْثَرَ مِنِّي
لِمَاذَا ؟

1-당신은 왜 나를 버렸어요
당신은 알고 있어요
내가 나보다 당신을 더 사랑하는 지를
이유가 뭐예요?

لِمَاذَا بِعَيْنَيْكَ هَذَا الْوُجُوم
و أَمْسِ بِحُضْنِ الْكُرُوم
فَرَطْتَ أُلُوفَ النُّجُوم
... بِدَرْبِي

2-왜 당신의 두 눈에 슬픔이 있지요
지난날 포도가 익은 아름다운 정원에서
당신은 수 천 개의 별을 따서
내가 걷는 길에 놓아주었지요.

.. وَأَخْبَرْتَنِي أَنَّ حُبِّي يَدُوم
لِمَاذَا ؟
لِمَاذَا تُغَرِّرُ قَلْبِي الصَّبِي
لِمَاذَا كَذَبْتَ عَلَيَّ

3-당신은 영원히 나를 사랑할 것이라고 말했지요
그런데 왜
왜 나의 어린 마음을 속이나요
왜 나에게 거짓말을 하나요

وقُلْتَ تَعُودُ إلي
مَعَ الأَخْضَرِ الطَّالِع
مع المُوسِمِ الرَّاجِع
مع الحَقْلِ الزَّارِع

4-당신은 말했어요. 나에게로 돌아온다고
오는 푸르른 봄과 함께
돌아오는 계절과 함께
농사꾼의 들녘과 함께

لِمَاذَا ؟
لِمَاذَا مَنَحْتَ لِقَلْبِي الْهَوَاء
فلَمَّا أَضَاء
بِحُبٍّ كَعَرْضِ السَّمَاء ذَهَبْتَ بِركْبِ الْمَسَاء

5-왜
왜 당신은 내 마음에 사랑의 바람을 불어넣었어요
빛을 비추어놓고
하늘처럼 넓은 사랑으로, 저녁 배를 타고 가버렸어요

ذهبت بركب المساء
وخَلَّفْتَ هَذِهِ الصَّدِيقة
هُنَا .. عِنْدَ سُورِ الْحَدِيقة..
عَلَى مَقْعَدٍ مِنْ بُكَاء

6-당신은 저녁의 배를 타고 가버렸어요
당신은 당신의 여자를 버렸어요
당신은 이곳 정원 울타리를 떠나버렸어요
나를 의자에 안자 울게 하고서

1

لماذا (리마자) 왜

شعر (씨으르) 시(나-자르 깝바-니)

غناء (기-나) 노래(가다 라잡)

تلحين (탈히-ㄴ) 작곡(카짐 사히르)

تخليت (타칼라이타) 당신이 나를 버렸다

تعلم (타을라무) 당신이 알다

أحبك (우힙부카) 나는 당신을 사랑해

أكثر (아크싸루) 더 많이

2

بعينيك (비아이나이카) 당신의 두 눈에

وجوم (우주-ㅁ) 슬픔, 우울, 침울, 침묵

حضن (하드느) 정원, 포옹

كروم (쿠루-ㅁ) 포도

فرطت (파라뜨타) 당신이 따다

ألوف (울루-프) 수 천개

نجوم (누주-ㅁ) 별들

دربي (다르비) 나의 길에

3

أخبرتني (아크바르타니) 당신이 나에게 말해주었어요

حبي (훕비) 나의 사랑

يدوم (야두-무) 계속되다

تغرر (투가르리루) 당신이 속이다

قلبى (깔비) 나의 마음

صبى (쏴비) 어린

كذبت (카잡타) 당신은 거짓말을 했어요

4

قلت (꿀타) 당신은 말했어요
علي (알라이야) 나에게로
الأخضر (알아크다르) 초록, 초록의 봄
طالع (딸-리으) 오는, 다가오는
راجع (라지으) 돌아오는
زارع (자리으) 농부

تعود (타우-두) 당신이 돌아오다
مع (마아) ...와 더불어, 함께
موسم (마우씸) 계절
حقل (하끌) 들녘 들판

5

منحت (마나흐타) 당신이 주다
هواء (하와) 공기, 바람
بحب (비훕비) 사랑으로
عرض (아르드) 넓이
ركب (라캅) 행렬, 탈것

قلبي (깔비) 내 마음에
أضاء (아돠-아) 빛을 비추다
ك (카) ...처럼
سماء (싸마-) 하늘
مساء (마싸-) 저녁

6

ذهبت (다합타) 당신은 갔다
صديقة (쏴디-까) 여자친구

خلفت (칼랖프타) 남겨두다
حديقة (하디-까) 정원

الكلمات في جملة

لماذا : لماذا تدرس اللغة العربية؟ لأن اللغة العربية ممتعة،
وخطها جميلة.

왜 당신은 아랍어를 공부합니까? 아랍어가 재미있고 서체가 아름다워서
입니다.

تخلى عن : أبى تخلى عني ولم يعطنى نقود الدراسة.

나의 아버지는 나를 저버리시고 학비를 주지 않습니다.

إذا : إذا أردت أن تتكلم اللغة العربية جيدا يجب أن تمارسها كل
يوم ساعة.

아랍어를 유창하게 말하고 싶거든 매일 한 시간씩 실습을 하세요.

كنت : كنتَ طالبا نشيطا فى السنة الماضية لماذا أصبحتَ كسولا
فى هذه السنة.

너는 지난 해에 부지런한 학생이었는데 금년에는 태만해졌어요.

تعلم : هل تعلم ما معنى كلمة "لغة"؟

그는 "언어"라고 단어의 의미를 배웠나요?

أنى = أننى : أعتقد أني أدرس اللغة العربية جيدا.

나는 정말로 아랍어를 열심히 공부할 것이라 믿어요.

أحبكَ : أحبكَ أكثر من نفسي.

나는 당신을 나보다 더 사랑해요.

أكثر : أريد أن أقرأ أكثر.

나는 더 많이 읽고 싶어요.

عينيك= عيناك : عيناك جميلتان جدا.

당신의 두 눈을 정말 아름다워요.

هذا : هذا الكتاب مفيد جدا فى دراسة اللغة العربية.

이 책은 아랍어 공부에 대단히 중요해요.

الوجوم = الحزن : الوجوم يبدو في عيون الطلاب الكسالى عند ظهور نتيجة الامتحان.

시험 성적 결과가 나오면 게으른 학생들의 눈에는 눈물이 보이지요.

حضن : الطفل يحب حضن أمه.

아이는 어머니의 포옹을 좋아하지요.

الكروم= العنب: أحب الكروم جدا.

나는 포도를 무척 좋아합니다.

قَرَط : فرطت العنب.

나는 포도를 땄다.

ألوف= آلاف : قرأت ألوفا من الكتب عن مصر.

나는 이집트에 관해 수천 권의 책을 읽었다.

النجوم : فى السماء كثير من النجوم.

하늘에는 별들이 많다.

غَرَّر= خُدِع بـ : الرجل يغرر بالمرأة دائما.

그 남자는 언제나 여자를 유혹한다.

قلب : عندي قلب كبير يحب كل الناس.

나는 마음이 커서 모든 사람을 사랑합니다.

الصبي: كنتُ صبيا صغيرا عندما كنت فى المدرسة.

학생 시절에 나는 작은 소년이었다.

كَذَبَ : كذب الطالب وقال للأستاذ إنه كتب الواجب لكنه لم يكتبه.

그 학생은 거짓말을 했다. 그리고 교수님께 숙제를 기록했다고 말했지만 그는 기록하지 않았다.

قلت : قلتُ لصديقتى إنى أحبها.

나는 나의 여자 친구에게 그녀를 사랑한다고 말했습니다.

تعود : أختي تعود من المدرسة متأخرا.

나의 여동생은 늦게 학교에서 돌아온다.

الأخضر : أحب اللون الأخضر.

나는 초록색을 좋아합니다.

الطالع : أنا طالع إلى الدور السابع.

나는 7층으로 올라갑니다.

المَوْسِم : جاء موسم البطيخ.

수박 철이 되었어요.

الراجع : أنا راجع إلى مصر.
나는 이집트로 돌아갑니다.

الحقل : جدي عنده حقل كبير.
나의 할아버지는 큰 밭을 갖고 있습니다.

الزارع: هذا نبات زارع.
이것은 재배한 채소입니다.

مَنَحَ= أعطى : مَنَحَتِ الجَامِعَةُ الطُّلَابَ المُتَفَوِّقِينَ جَوَائِزَ كَثِيرَةً.
대학교는 성적이 우수한 학생들에게 많은 상들을 주었습니다.

الهواء : الهَوَاءُ اليومَ نظيفٌ.
오늘 공기는 깨끗합니다.

لَمَّا : لَمَّا جَاءني الطَّالِبُ أكْرَمْتُهُ.
그 학생이 나에게 왔을 때 나는 그를 대접했습니다.

أضَاءَ : أضَاءَتِ الشَّمْسُ.
태양빛이 비추었다.

حُبٌّ : الحُبُّ جَمِيلٌ.
사랑은 아름답습니다.

عَرْض : عرضُ هذا الفَصلِ مِثرَان وطُولُهُ ثَلاثَةُ أمْتَارٍ.
이 교실의 넓이는 2미터이고 길이는 3미터이다.

السَّمَاء : السماءُ بَعِيدَةٌ.
하늘은 멀다.

ذَهَبْتَ : هَلْ ذَهَبْتَ إلى مِصْرَ؟
당신은 이집트에 가보았습니까?

رَكْب= رَاكِبُون : هل وَصَلَ الرَّكْبُ؟
승객들이 도착했나요?

المساء : يَتَقَابَلُ الأَحِبَّة فِي المَسَاءِ.
사랑하는 연인들은 밤에 만나지요.

خَلَّفَ= ترك : خَلَّفْتَنِي وَحْدِي.
그녀는 나를 홀로 두었지요.

هَذِهِ : هذه القَصِيدَةُ رَائِعَةٌ.
이 시는 훌륭합니다

هُنَا : هُنَا القَاهِرَةُ.
이곳은 카이로입니다.

عِنْدَ : أَتَنَاوَلُ الغَدَاءَ عند الظُّهر.
정오에 나는 점심을 먹습니다.

الحَدِيقة : الحديقةُ وَاسِعَةٌ.
그 정원은 넓습니다.

مع الجـــــريدة

غناء: ماجدة الرومي

كلمات : نزار قباني

تلحين : جمال سلامة

أَخْرَجَ مِنْ مِعْطَفِهِ الْجَرِيدَةَ
وعُلْبَةَ الثِّقَاب
ودُون أَنْ يُلاحِظَ اضْطِرَابِي

1-그는 외투에서 신문을 꺼내 들고
성냥을 꺼낼 뿐
나의 두근거리는 마음은 아랑곳하지 않아요

وَدُونَمَا اِهْتِمَام

تَنَاوَلَ السُّكَّرَ مِنْ أَمَامِي

ذَوَّبَ فِي الفِنْجَان قِطْعَتَيْنِ

2-아무런 관심도 보이지 않아요
내 앞에서 설탕을 집어
컵에 두 조각을 넣고 젓고 있을 뿐이에요

وفِي دَمِّي ذَوَّبَ وَرْدَتَيْنِ

لَمْلَمَنِي .. بَعْثَرَنِي

ذَوَّبَنِي ... آآه ... ذَوَّبَنِي

3-나의 피 속에서 나의 두 장미를 녹이고 있어요
나를 모았다가 뿌려버려요
나를 녹이네요 아!아! 나를 녹이네요

شَرِبْتُ مِنْ فِنْجَانهِ

سَافَرْتُ فِي دُخَانهِ

مَا عَرَفْتُ أَيْن

4-나는 그가 마시는 컵으로 마시고
그의 담배연기를 타고 여행을 떠났어요
나는 그가 어디에 있는지 모르겠어요

كَانَ هُنَاكَ جَالِسا
وَلَمْ يَكُنْ هُنَاكَ
يُطَالِعُ الأَخْبَارَ

5-그는 여기에 앉아있었어요
그런데 그는 지금 여기에 없어요
그는 여기 앉아서 뉴스를 읽고 있었어요

كَانَ هُنَاكَ
وَكُنْتُ فِي جِوَارِهِ
تَأْكُلُنِي الأَفكَارُ

6-그는 이곳에 있었어요
나는 그때 그의 옆에 있었지요
그에 대한 생각이 나를 삼켜버려요

تَضرُبُنِي الأَمْطَارُ
يَا لَيْتَ هَذَا الرَّجُلَ
المَسْكُونَ بِالأَفْكَارِ

7-비가 나에게 퍼 붓고 있어요
이랬으면 얼마나 좋을까 이 남자가
나를 생각하고 있다면

يَا لَيْتَ هَذَا الرَّجُلَ
المَسْكُونَ بالأَسْرَارِ
يَا لَيْتَ فكَّر

8-이랬으면 얼마나 좋을까 이 남자가
내 마음과 함께하고 있다면
나를 생각하고 있으면 좋으련만

أَنْ يقرَأَنِي.
فِي عُيُونِي
أَجْمَلُ الأَخْبَار

9-신문 말고 나를 읽어주면 좋으련만
나의 눈에서
가장 아름다운 소식을 읽어주면 좋으련만

وبَعْدَ لَحْظَتَيْنِ
ودُونَ أَنْ يَرَانِي
ويَعْرِفُ الشَّوْقَ الذِّي اِعْتَرَانِي

10-잠시도
나를 쳐다보지 않아요
나의 마음을 채우고 있는 그리움도 몰라요

تَنَاوَلَ الْمِعْطَفَ مِنْ أَمَامِي
وغَابَ فِي الزِّحَامِ
مُخلِّفا وَرَاءهُ الجَرِيدَة

11-그는 내 앞에서 외투를 가지고
사람들 속으로 사라졌어요
그 신문만 남겨두고 말이에요

وَحِيدَة..
مِثْلِي أَنَا..
وَحِيدَة

12-홀로 두고
나를 홀론 둔 것처럼
홀로 두고 떠났어요

1

أخرج (아크라자) 꺼내다 　　من (민) …로부터
معطف (미으따프) 외투 　　جريدة (자리-다) 신문
علبة (울바) 작은 곽, 깡통 　　ثقاب (씨까-브) 성냥
دون (두-나) …없이 　　يلاحظ (율라-히주) 쳐다보다
اضطراب (이드띠라-브) 설렘, 떨림

2

اهتمام (이흐티마-ㅁ) 관심, 배려 　　تناول (타나-왈라) 먹다, 집다
سكر (쑥카르) 설탕 　　أمام (아마-마) 앞, 앞에서
ذوب (자우와바) 녹이다 　　فنجان (판자-ㄴ) 컵, 잔
قطعة (끼뜨아) 조각, 일부

3

دم (담) 피 　　وردة (와르다) 장미
لم (람마) 모으다 　　بعثر (바으싸라) 뿌리다
ذوبني (자우와바니) 나를 녹여주세요

4

شرب (샤리바) 마시다 　　سافر (싸-파라) 여행하다, 떠나다

دخان (두카-ㄴ) 담배, 담배연기
أين (아이나) 어디에

عرف (아라파) 알다

5

هناك (후나-카) 그곳, 그곳에
يطالع (유딸-리우) 읽다

جالس (잘-리쓰) 앉아 있는
أخبار (아크바-르) 소식, 뉴스

6

جوار (지와-르) 옆에
أفكار (아프카-르) 생각, 사념

تأكل (타우쿨루) 먹다

7

تضرب (타드리부) 때리다, 치다
يا ليت (야 라이타) ...했으면 좋으련만
هذا (하다) 이것

أمطار (암똬-르) 비
رجل (라줄) 남자, 사람
مسكون (마쓰쿠-ㄴ) 살다, 함께하다

8

أسرار (아쓰라-르) 비밀, 마음

فكر (팟카라) 생각하다

9

يقرأ (야끄라우) 읽다
أجمل (아즈말루) 더 아름다운

عيون (우유-ㄴ) 눈

(10)

يرى (야라) 보다 بعد (바으다) 후에
لحظة (라흐자) 순간, 잠시 يعرف (야으리푸) 알다
شوق (샤우끄) 그리움, 사랑 اعتراء (이으티라) 감정, 마음

(11)

غاب (가-바) 사라지다 زحام (지하-ㅁ) 군중
مخلف (무칼라프) 남기고 وراء (와라) 뒤에

(12)

وحيدة (와히-다) 홀로, 혼자 مثل (미쓸라) …처럼
أنا (아나) 나

الكلمات في جملة

أخرج من : أخرج القلم من الحقيبة

그는 가방에서 연필을 꺼냈다.

معطف : أرتدي معطفا في الشتاء

나는 겨울에 외투를 입는다.

الجريدة : أطالع الجريدة كل يوم

나는 매일 신문을 읽는다.

علبة الثقاب : إذا أردت إشعال السيجارة أخرج علبة الثقاب
وأشعلها.

담뱃불을 붙이고 싶거든 성냥을 꺼내 불을 붙이세요.

دون : أخذت الطعام من أمام أخي دون أن يلاحظ

나는 나의 동생 앞에서 그가 보지 않을 때 음식을 먹었다.

اضطراب: أشعر باضطراب دائما قبل الامتحان

나는 시험 전에 항상 긴장감을 느낀다.

اهتمام: يوجد اهتمام كثير في هذه الأيام باللغة الإنجليزية

요새 영어에 많은 관심이 있다.

تناول: أتناول الكتاب من أمامك
나는 당신 앞에서 책을 읽는다.

السكر: أشرب القهوة بالسكر
나는 설탕을 넣어 커피를 마신다.

ذوب : أذوب قطعتين من السكر في فنجان الشاي
나는 홍차 잔에 설탕 두 개를 녹인다.

دم: دمي لونه أحمر
나의 피 색깔은 빨간색이다.

وردتين: أعطيت وردتين لحبيبتي
나는 나의 애인에게 장미 두 송이를 주었다.

سافر: سافرت إلى أمريكا في العام الماضي
나는 지난 해 미국으로 여행을 갔다.

دخان: لا أحب دخان السجائر
나는 담배연기를 좋아하지 않는다.

ماعرفت: ما عرفت سؤالا في الامتحان
나는 시험에 나온 질문 하나를 알지 못했다.

جالس: أستاذي جالس على الكرسي
나의 교수님은 의자에 앉아 계신다.

الأخبار: أقرأ الأخبار في الانترنت كل يوم
나는 매일 인터넷에서 소식을 읽는다.

جوار: أجلس جوار الباب
나는 문 옆에 앉는다.

الأفكار: عندي أفكار كثيرة
나에게 많은 생각이 있어요.

تضرب: الأمطار تضرب هذه المنطقة
비가 이 지역에 내리고 있어요.

يا ليت: يا ليت هذا الرجل يشعر بي
이 남자가 나를 알아준다면 좋겠는데!

المسكونَ : هذا البيت مسكون بالجان
이 집에는 귀신이 살고 있다.

الأسرار: الأسرار كثيرة بين الأصدقاء.
친구들 사이에는 많은 비밀들이 있다.

لحظة: انتظر لحظة لوسمحت.
실례지만 잠시 기다려주세요.

الشوق : الشوق مثل الشوك في القلب
그리움은 마음의 가시와 같다.

اعتراني : لا يَعْتَريها الخَوْفُ إلاَّ في اللَّيْلِ ".
나는 밤만 되면 두려워요.

غاب: أغيب في المحاضرة المملة عادة
나는 보통 지루한 강의에는 결석을 한다.

الزحام : أحب أن أمشي في الزحام
나는 군중 속에서 걷는 것을 좋아한다.

مخلَّف: الرجل مخلف المرأة وراءه
그 남자는 그 여자를 버렸어요.

وحيدة : أشعر أني وحيدة في هذه الدنيا
나는 이 세상에 혼자 있는 느낌을 갖는다.

رِسَالَةٌ مِنْ تَحْتَ الْمَاءِ

غناء: عبد الحليم حافظ

كلمات: نزار قباني

تلحين : محمد الموجي

اِشْتَقْتُ إِلَيْكَ

فَعَلِّمْني أَلَا أَشْتَاق

عَلِّمْني كَيْفَ أَقُصُّ جُذُورَ هَوَاكَ مِنَ الأَعْمَاقِ

1-나는 당신을 그리워하고 있어요
그런데 당신은 그리워하지 않는 것을 가르쳐주지 않았어요
당신은 깊은 곳에 있는 사랑의 본질을 말하는 방법을 가르쳐주었어요

عَلَّمْني كَيْفَ تَمُوتُ الدَّمْعَةُ فِي الأَحْدَاق
عَلَّمْني كَيْفَ يَمُوتُ الحُبُّ وتَنْتَحِرُ الأَشْوَاق
يَا مَنْ صَوَّرْتَ لِي الدُّنْيَا كَقصِيدَةِ شِعْر

2-당신은 내가 눈물을 흘리는 방법을 가르쳐주었어요
사랑에 죽고 그리움에 자살하는 것을 가르쳐주었어요
당신은 이 세상을 한편의 시로 만들어주었어요

وزَرَعْتَ جِرَاحَكَ فِي صَدْري وأَخَذْتَ الصَّبْر
إنْ كُنْتُ أَعُزُّ عَلَيْكَ فَخُذْ بِيَدَيِّ
فَأَنَا مَفْتُونٌ مِنْ رَأْسِي حَتَّى قَدَمَيِّ

3-당신은 내 가슴에 상처를 주고 인내할 수 없게 만들었어요
내가 당신의 사랑이라면 나를 잡아주세요
나는 정수리에서 발끝까지 당신에게 홀려있어요

어 휘

1

رسالة (리쌀-라) 편지

تحت (타흐타) 아래, 밑에

الماء (알마우) 물

اشتقت (이쉬타끄투) 나는 그리워했어요

اليك (일라이크) 당신을

علمني (알라마니) 나에게 가르쳐주었어요

أشتاق (아쉬타-꾸) 그리워하다

كيف (카이파) 방법, 어떻게

أقص (아꼿수) 내가 이야기하다

جذور (주두-르) 뿌리, 본질

هواك (하와-크) 당신의 사랑을

أعماق (아으마-끄) 깊은 곳

2

تموت (타무-투) 죽다

دمعة (두므아) 눈물

أحداق (아흐다-끄) 눈망울, 눈동자

الحب (알훕브) 사랑

تنتحر (탄타히루) 자살하다

أشواق (아쉬와-끄) 그리움

صورت (쏴우와르타) 만들었다

لي (리) 나를 위해서

دنيا (둔야) 세상

ك (카) ..처럼

قصيدة (까시-다) 시, 정형시

شعر (쉬으르) 시

3

زرعت (자라으타) 심었다

جراح (자라-흐) 아픔, 상처

صدري (쏴드리) 나의 가슴

صبر (쏴브르) 인내

عليك (알라이크) 당신에게

يدي (야디) 나의 손을

مفتون (마프투-ㄴ) 홀린, 정신나간

رأس (라으쓰) 머리

قدم (까담) 발

أخذ (아카자) 빼앗아가다

أعز (아잊주) 사랑하는 사람

خذ (쿠즈) 잡아주세요

أنا (아나) 나는

من (민) …로부터

حتى (하타) …까지

الكلمات في جملة

اشتاق إلي : أشتاق إلى بلدي مصر
나는 나의 나라 이집트가 그립다.

علَّم : علمني أستاذي أشياء كثيرة
나의 교수님은 나에게 많은 것을 가르쳐주신다.

كيف : كيف حالك؟ بخير الحمد لله
어떻게 지내니? 잘 지내. 하나님 덕분이지.

أقص : أقص الورقة بالمقص
나는 가위로 종이를 자른다.

جذور: جذور الشجرة قوية
나무 뿌리는 강하다.

هواك: هواك عميق في قلبي
당신의 사랑은 내 마음에 깊이 간직되어 있다.

الأعماق : أغوص في أعماق البحر
나는 바다 깊숙이 잠수한다.

تموت : تموت السمكة حين تخرج من الماء
물고기는 물에서 나오면 죽는다.

الدمعة : أرى دمعة في عينيك
나는 당신의 두 눈에서 눈물을 보아요,

انتحر : انتحر الرئيس الكوري السابق
전직 한국 대통령은 자살을 했어요.

الأشواق : الأشواق بين العُشاق شديدة
그리움은 연인들 사이에 무척 강합니다.

صور : أصور الحياة لابني أنها جميلة
나는 내 아들의 삶이 아름다울 것이라고 상상해 본다.

الدنيا : الدنيا حلوة
세상은 아름다운 거야.

قصيدة: هل قرأت قصيدة عربية ؟
너는 아랍 시를 읽었니?

شعر : أحب الشعر الحديث
나는 현대시를 좋아합니다.

زرع : زرعت نباتا
나는 식물을 심었다.

جراح: جراح هذا الولد شديدة
이 소년의 상처는 심하다.

صدر: صدري ضيق في هذه الأيام

요사이 나의 가슴이 답답해요.

أخذ : أخذ كريم حقنة.

카림은 주사를 맞았다.

الصبر : نحتاج إلى الصبر في هذه الأيام

요사이 우리는 인내가 필요해요.

عزَّ : أبي يعز علي

나의 아버지는 나에게 긍지를 가지십니다.

خذ بيد: آخذ بيد الطلاب حتى يتكلموا العربية جيدا

나는 학생들이 아랍어를 잘 말할 수 있도록 학생들을 도와준다.

مفتون : أنا مفتون بالآثار المصرية القديمة

나는 고대 이집트 유물에 정신이 팔려있다.

رأسي : أحبك من رأسك حتى قدميك.

나는 당신을 당신의 머리에서 당신의 두 발까지 사랑해요.

ألف ليلة وليلة

غناء: سميرة سعيدة

شعر: عبد الوهاب محمد

تلحين: جمال سلامة

أَلْفُ لَيْلَة ولَيْلَة قِصَّة كُلّ لَيْلَة

أَلْفُ لَيْلَة ولَيْلَة قِصَّة كُلّ لَيْلَة

اِحْكِي يَا شَهْرَزَاد

1-천 하룻밤 동안 매일 밤의 이야기를

천 하룻밤 동안 매일의 밤 이야기를

샤흐르 자드야 이야기 하렴

اِحْكِي لِشَهْرِيَار
اِشْغِلِي لَهُ لَيْلَهُ لِطُلُوعِ النَّهَار
حَيِّرِي لَهْ بَاله

2-샤흐를야르에게 이야기하렴
아침이 될 때까지 밤마다 그를 분주하게 만들렴
그를 정신 없게 만들렴

و غَيِّرِي لَهُ حَالَهُ
خَلِّي عَقْلَهُ دَائِمًا فِي حَالَة اِنْبِهَار
اِحْكِي يَا شَهْرَزاد

3-그의 상황을 변화시켜주렴
항상 그를 놀라게 만들렴
샤흐르 자드야 이야기 하렴

اِحْكِي يَا شَهْرَزاد
أَلْفُ لَيْلَة وليْلَة قِصَّة كُلَّ لَيْلَة
أَلْفُ لَيْلَة وليْلَة قِصَّة كُلَّ لَيْلَة

4-샤흐르 자드야 이야기 하렴
천 하룻밤 동안 매일 밤의 이야기를
천 하룻밤 동안 매일 밤의 이야기를

أَلْفُ لَيْلَة وَلَيْلَة قِصَّة كُلّ لَيْلَة

قُولِي مِنْ الْبِدَايَة أَوَّل الْحِكَايَة

خَلِّيه فِي النِّهَايَة يَفْضَّل فِي اِنْتِظَار

5-천 하룻밤 동안 매일 밤의 이야기를
이야기의 첫 부분만 이야기하렴
마지막 이야기를 기다리도록 하렴

يَسْأَل عَنْ بَاقِيَة للحِكَايَة دِيه

أَلْفُ لَيْلَة وَلَيْلَة قِصَّة كُلّ لَيْلَة

أَلْفُ لَيْلَة وَلَيْلَة قِصَّة كُلّ لَيْلَة

6-나머지 이야기를 묻도록 하렴
천 하룻밤 동안 매일 밤의 이야기를
천 하룻밤 동안 매일의 밤 이야기를

1

ألف (알프) 천
قصة (낏쏴) 이야기, 소설
احكى (이흐키) 이야기해요

ليلة (라일라) 밤
كل ليلة (쿨루 라일라) 매일 밤
شهرزاد (샤흐르자-드) 여자이름

2

شهريار (샤흐르야-르) 남자이름
ليله (라일라후) 그의 밤을
النهار (안나하-르) 낮, 낮 시간
باله (발-루후) 그의 마음을

اشغلى (이쉬갈리) 분주하게 만들어요
طلوع (뚤루-으) 떠오름
حيرى (하이이리) 정신없게 만들어요

3

غيرى (가이이리) 변화시켜요
خلى (칼리) ...하게 만들어요
دايما (다-이만) 항상
انبهار (인비하-르) 경탄, 눈부심

حاله (할-루후) 그의 상화을
عقل (아끌) 이성, 정신
حالة (할-라) 상황, 근황, 상태

④

⑤

بداية (비다-야) 처음, 첫부분　　أول (아우왈루) 첫번째
حكاية (히카-야) 이야기　　نهاية (니하-야) 끝, 끝부분
يفضل (유팟딜루) 선호하다　　انتظار (인티좌-르) 기다림

⑥

يسأل (야쓰알루) 묻다, 질문하다　　باقية (바-끼야) 나머지

الكلمات في جملة

ألف : عدد صفحات هذا الكتاب ألف صفحة

이 책의 쪽 수는 1천 쪽이다.

ليلة : هذه أجمل ليلة عشتها في حياتي

이 밤은 내가 살아왔던 생애에서 가장 아름다운 밤이다.

قصة : لقد قرأت قصة جميلة أمس

나는 어제 아름다운 소설을 읽었다.

احكى : يا جدتي احكي لنا قصة.

할머니, 저희들에게 이야기해주세요.

شهرزاد : شهرزاد حكت لشهريار قصص كثيرة

샤흐르자드는 샤흐르야르에게 많은 이야기를 들려주었다.

إشغلي : اشغلي ابنك الصغير في أية لعبة حتى تنتهي من إعداد الطعام

당신이 음식준비를 할 때까지 당신의 어린 아이를 놀이에 빠지게 하세요.

ليل : الليل طويل على المحبين

그 밤은 연인들에게 길다.

طلوع: نصلي الفجر قبل طلوع الشمس

우리는 태양이 떠오르기 전에 파즈르 새벽예배를 드린다.

النهار: في النهار نعمل وفي الليل ننام

우리는 낮에 일하고 밤에 잠을 잔다.

حيَّر : هذا السؤال حيرني ولا أجد له إجابة

이 질문은 나를 어리둥절하게 만들어서 나는 그에 대한 답을 찾지 못해요.

بال: بالي مشغول دائما

나는 항상 바빠요.

غيَّر : أغير مكان مكتبي في العطلة

나는 방학 중에 나의 사무실 위치를 바꿀 거에요.

حال: حال الإنسان متغير عادة

일반적으로 인간의 상황은 변하지요.

خلَّى : خَلِّ بالك= كن يقظًا

정신차리고 있어야 해요.

عقل : هل عندك عقل

너 정신 있니?

دايما = دائما: أحب دائما

나는 영구적인 것을 좋아한다.

حالة : هذه حالة صعبة، يجب أن يذهب إلى المستشفى

어려운 상태이니 병원에 가야만 합니다.

انبهار: شعر الطلاب بانبهار عندما رأوا الآثار المصرية

학생들은 이집트 유물들을 보고 경탄을 하였다.

البداية : كل بداية لها نهاية

시작이 있으면 끝이 있다.

الحكاية : هذه حكاية قديمة

이것은 옛날 이야기이다.

يفضل = يظل: يفضل شهريار ينتظر باقية حكاية شهرزاد

샤하르야르는 계속 샤흐르자드의 나머지 이야기를 기다리고 있다.

يسأل عن : أسأل جدتي دائما عن باقية الحكاية

나는 나의 할머니에게 나머지 이야기를 해달라고 졸라댑니다.

اِغْضَبْ

غناء: أصالة

كلمات: نزار قباني

تلحين: حلمي بكر

اِغْضَبْ اِغْضَبْ كَمَا تَشَاءُ
واِجْرَحْ أَحَاسِيسِي كَمَا تَشَاءُ
حَطِّمْ أَوَانِي الزَّهْرِ والمَرَايَا

1-화를 내요 당신이 원하는대로 화를 내요
당신이 원하는대로 내 마음에 상처를 내요
꽃병도 깨뜨리고 거울도 깨뜨려요

هَدِّدْ بِحُبِّ اِمْرَأَةٍ سِوَايَا
فَكُلُّ مَا تَفْعَلُهُ سَوَاءُ
وَكُلُّ مَا تَقُولُهُ سَوَاءُ

2-나 말고 사랑하는 다른 여자와 결혼하세요
당신이 어떤 짓을 해도 마찬가지에요
당신이 어떤 말을 해도 똑 같아요

فَأَنْتَ كَالْأَطْفَالِ يَا حَبِيبِي
نُحِبُّهُمْ نُحِبُّهُمْ مَهْمَا لَنَا أَسَاؤُوا
اِغْضَبْ فَأَنْتَ رَائِعٌ حَقًّا مَتَى تَثُورُ

3-당신은 아이들 같아요
우리는 아이들을 사랑해요 무슨 짓을 해요 마찬가지에요
화를 내요 화를 낼 때 당신은 정말 멋있어요

اِغْضَبْ فَلَوْلَا الْمَوْجُ مَا تَكَوَّنَتْ بُحُورُ
اِغْضَبْ كُنْ عَاصِفًا كُنْ مُمْطِرًا
فَإِنَّ قَلْبِي دَائِمًا غَفُورُ

4-화를 내요 파도가 없으면 바다가 아니에요
폭풍이 되어요 폭우가 돼요
내 마음은 항상 용서할 거에요

اِغْضَبْ فَلَنْ أُجِيبَ بِالتَّحَدِّي لَنْ أُجِيبَ
فَأَنْتَ طِفْلٌ عَازِفٌ يَمْلَؤُهُ الْغُرُور
وَكَيْفَ مِنْ صِغَارِهَا تَنْتَقِمُ الطُّيُور

5-화를 내요 절대로 대꾸하지 않을 게요 절대로
당신은 모든 것을 거절하는 아이 같아요
어떻게 새들이 어린 새끼들에게 복수를 하겠어요

اِذْهَبْ اِذْهَبْ
اِذْهَبْ إِذَا يَوْمًا مَلِلْتَ مِنِّي
وَاتَّهِمَّ الْأَقْدَارَ و اتَّهِمْنِي

6-떠나세요 가세요
내가 싫증이 나는 날이면 떠나세요
운명이거나 나 때문이에요

أَمَّا أَنَا فَإِنِّي سَأَكْتَفِي بِدَمْعَتِي وحُزْنِي
فَالصَّمْتُ كِبْرِيَاء والحُزْنُ كِبْرِيَاء
اِذْهَبْ إِذَا أَتْعَبَكَ الْبَقَاء

7-나는 됐어요 눈물과 슬픔으로 충분해요
침묵은 자랑이에요 슬픔도 자랑이에요
남아있는 것이 당신을 피곤하게 하거든 떠나세요

فَالأَرْضُ فِيهَا الْعِطْرُ وَالنِّسَاء
وَالأَعْيُنُ الْخَضْرَاء وَالسَّوْدَاء
وَعِنْدَمَا تُرِيدُ أَنْ تَرَانِي

8-이 세상에는 향수도 많고 여자들도 많아요
초록색 눈과 검정색 눈을 가진 여자들도 많아요
나를 보고 싶을 때는 돌아와요

وَعِنْدَمَا تَحْتَاجُ كَالطِّفْلِ إِلَى حَنَانِي
فَعُدْ إِلَى قَلْبِي مَتَى تَشَاء
فَأَنْتَ فِي حَيَاتِي الْهَوَاء

9-어린애처럼 나의 사랑이 필요할 때면
당신의 원하는 때에 내 마음으로 돌아와요
당신의 내 생의 사랑이에요

وَأَنْتَ عِنْدِي الأَرْضُ وَالسَّمَاء
اِذْهَبْ مَتَى تَشَاء
لابد أَنْ تَعُودَ ذَاتَ يَوْمٍ

10-당신은 나에게 땅이자 하늘이에요
당신이 원할 때는 떠나요
그러나 어느 날에는 반드시 돌아와야 해요

어휘

1

أغضب (이그답) 화를 내요   كما (카마) …처럼, 같이

تشاء (타샤-) 당신이 원하다   اجرح (이즈라흐) 상처를 내세요

أحاسيس (아하씨 – 쓰) 감정, 느낌   حطم (핫띰) 망가뜨려요, 부서요

أوانى (아와-니) 그릇들   زهر (자흐르) 꽃

مرايا (미르야) 거울

2

هدد (핫디드) 위협해요   امرأة (이므라아) 여자, 아내

سوايا (싸와-야) 똑 같은, 동일한   كل (쿨루) 모든 것, 모두

ما (마) …것, 무엇, 부정사, 의문사   تفعل (타프알루) 당신이 …하다

سواء (싸와-) 동일한, 똑 같은   تقول (타꿀-루) 당신이 말하다

3

أنت (안타) 당신, 너   ك (카) …같은, 처럼

أطفال (아뜨팔-루) 어린이들

يا حبيبي (야 하비-비) 나의 사랑하는 사람이여

حب (훕부) 사랑   نحبهم (누힙부) 우리는 그들을 사랑해

رائع (라-이으) 멋있는, 훌륭한   حقا (핫깐) 정말로

متى (마타) …할 때, 언제   تثور (타쑤-루) 당신이 노여워하다

4

موج (마우즈) 파도
تكونت (타카우와나트) 만들다, 구성하다
بحور (부후-르) 바다 كن (쿤) ...이 되어라
عاصف (아-시프) 폭풍 ممطر (뭄띠루) 비, 비가 오는
قلبي (깔비) 내 마음 دائما (다-이만) 항상
غفور (가푸-르) 용서하는

5

أجيب (우지-부) 대답하다 تحدى (타핫다) 도전
لن (란) 절대로 ...하지 않는다 طفل (띠플) 어린아이
عازف (아-지프) 피하는, 연주하는 غرور (구루-르) 현혹당한, 속은
يملأ (야믈라우) 채우다 كيف (카이파) 어떻게
صغار (시가-르) 어린, 어린이 تنتقم (탄타끼무) 복수하다
طيور (뚜유-르) 새들

6

اذهب (이드합) 가세요 يوما (야우만) 어느 날
مللت (말랄타) 당신이 싫증을 느끼다 اتهم (잇타하마) 의심하다
أقدار (아끄다-르) 운명

7

أنا (아나) 나는 أكتفي (아크타피) 나는 만족한다

دمعة (두므아) 눈물　　حزن (후즌) 슬픔

صمت (숨트) 침묵　　كبرياء (키브리야-) 자랑

أتعب (아트아바) 피곤하게 하다　　بقاء (바까) 남다

8

أرض (아르드) 땅, 대지, 지구　　عطر (이뜨르) 향수

نساء (니싸-) 여자들　　أعين (아이윤) 눈

خضراء (카드라-) 초록색　　سوداء (싸우다-) 검은

عندما (에인다마) ...할 때　　تريد (투리-두) 당신이 원하다

تراني (타라-니) 당신이 나를 보다

9

تحتاج (타흐타-주) 당신이 필요로 하다　　حنان (하나-ㄴ) 사랑, 애정

عد (웃드) 돌아와요　　قلب (깔브) 마음

حياة (하야-) 생명　　هواء (하와-) 사랑, 공기, 바람

10

أرض (아르드) 땅, 대지, 지구　　سماء (싸마-) 하늘

لابد (라붓다) 반드시　　تعود (타우-드) 돌아오다

ذات يوم (다-타 야우민) 어느 날

الكلمات في جملة

غضب: غضب أبي مني لأنني تأخرت.
나의 아버지는 내가 늦었다고 화를 내셨다.

تشاء : افعل ما تشاء
당신이 원하는 대로 하시오.

جرح : جرح السكين يدي
칼이 내 손에 상처를 냈다.

أحاسيس : أحاسيس مرهفة.
감정은 민감하다.

حطم : حطم الرجل الأطباق و الأواني
그 남자는 접시와 항아리들을 망가뜨렸다.

المرايا : المرايا مكسورة.
거울이 깨져있다.

هدد : هدد المعلم الطلاب بالرسوب إذا لم يدرسوا جيدا
선생님은 열심히 공부하지 않아 낙제한 학생들에게 겁을 주셨다.

حب : أبحث عن الحب.
나는 사랑을 찾고 있어요.

امرأة : المرأة لا تعرف ماذا تريد
그 여성은 자신이 원하는 것을 모른다.

سوى: لا أحب سواك.
나는 당신 외에는 누구도 사랑하지 않아요.

تفعل: ماذا تفعل؟
무엇하고 계세요?

سواء: فهمتم أم لم تفهموا هذا سواء عندي.
여러분이 이해하든 이해하지 못하든 나에게는 똑 같아요.

تقول: ماذا تقول؟
무슨 말을 하고 있지요?

أطفال : الأطفال يلعبون في الملعب
아이들이 운동장에서 놀고 있다.

مهما: مهما أساء لنا الأطفال نحبهم
아이들이 우리에게 피해를 줘도 우리는 그들을 사랑하지요.

رائع: هذا درس رائع.
이것은 훌륭한 공부에요.

متى : متى تذهب إلى المطعم تجد مفتوحا.
당신이 식당에 가면 문이 열려 있을 거에요.

تثور : لا تثور وكن هادئا.

흥분하지 말고 진정해요.

لولا : لولا النيل ما كانت مصر

나일강이 없는 이집트는 있을 수 없어요.

الموج : الموج عال في البحر

바다의 파도가 높아요.

تكون : يتكون الماء من أكسجين وهيدروجين

물은 산소와 수소로 이루어져 있습니다.

بحور : البحور كثيرة في كوريا

한국에 바다는 많습니다.

عاصفا : اليوم الجو عاصف ربما سيكون ممطرا غدا.

오늘 폭풍이 부는 날씨로 보아 내일 비가 올 것 같아요.

دائما : أحبك دائما

나는 당신을 항상 사랑해요.

غفور : الله غفور

하나님께서는 용서하시는 분이십니다.

أجيب: لماذا لا تجيب، وأنا أنادي عليك

내가 당신을 부르고 있는데 왜 당신은 대답을 하지 않나요.

التحدي: التحدي صفة جيدة أحيانا

도전은 때로는 좋은 장점이다.

طفل : الطفل يتعلق بأمه دائما.
아이는 항상 엄마에게 매달리지요.

عازف : الطالب عازف عن الطعام .
그 학생은 음식을 피해요

يملأ : يملأ العامل الدلو بالماء لينظف.
그 일꾼은 청소하기 위해 물통에 물을 채우고 있다.

الغرور : لماذا تنظر إلي بغرور
당신은 왜 나를 유혹의 눈으로 보라보세요.

صغار : أبنائي ما زالوا صغارا
나의 아이들은 아직 어리답니다.

تنتقم : انتقم اللص مني فقتل ابني.
도둑이 나에게 복수하기 위해 나의 아들을 살해했어요.

الطيور : الطيور كثيرة في السماء
하늘에 새들이 많다.

ملل: مللت من الدراسة
나는 공부에 싫증이 났다.

اتهم : اتهمني صديقي وقال إنني سرقت كتابه.
나의 친구는 나를 의심하고서 내가 그의 책을 훔쳤다고 말했다.

أكتفي : سأكتفي بالغداء فقط.
나는 점심만으로 충분합니다.

دمعة : الدمعة أراها في عينيه ولكنه يرفض البكاء

그의 두 눈에서 눈물을 보아요. 그런데 그는 울음을 참고 있어요.

حزن : أشعر بحزن شديد.

나는 큰 슬픔을 느껴요.

الصمت : الصمت مطلوب أحيانا

때로는 침묵이 필요해요.

كبرياء : أتعبني كبرياء الطلاب الأغنياء

부유한 학생들의 거만이 나를 피곤하게 하였다.

البقاء: البقاء للأصلح

존재하는 있는 것이 더 좋다.

العطر: أريد أن أشتري عطرا.

나는 향수를 사고 싶어요.

الخضراء : أوراق الشجرة خضراء

나뭇잎들은 초록색이다.

السوداء : عيني سوداء

나의 눈은 검정색이다.

تراني : هل تريد أن تراني الآن؟

당신은 지금 나를 보고 싶나요?

تحتاج : أحتاج إلى نقود.

나는 돈이 필요해요.

حنان : حنان الأم يكفي العالم
어머니의 애정은 세상을 충족시키지요.

عاد : عد مبكرا ولا تتأخر.
그는 늦지 않고 일찍 돌아왔다.

لابد : لابد أن أعمل بعد التخرج .
나는 졸업 후 꼭 일을 해야만 해.

ذات يوم : ذات يوم رأيت قطة في الشارع.
어느 날 나는 거리에서 고양이를 보았어요.

صَبْرِي عَلَيْك طَالَ

غناء: رجاء بلميح

كلمات: أبو الفيصل

تلحين: حميد الشاعري

صَبْرِي عَلَيْك طَالَ
وِاحْتَار فِيك أَمْرِي
جَفَاء و لا دَلالَ

1-나는 오랫동안 참았어요
이제 어떻게 해야 될지 모르겠어요
이것은 무정함인지 아니면 애교인지 나도 모르겠어요

خَلَّيْت دَمْعِي سَال
عَلَى الْخَدّ صَار يَجْرِي
يَرْضِيك يَا حَال

2-눈물을 흘릴 수밖에 없어요
양 볼에 눈물이 흘러요
이 모습이 당신의 마음에 드시나요

هَمُّ لَيْلِي نَار مَا تَرْحَم
يَشْكِي عَلَى أَبْكَم أَصَمّ
و الْحَال

3-밤에 찾아오는 슬픔은 자비가 없는 불같아요
벙어리와 귀머거리에게 불평을 할 뿐이에요
이 상황을

وِينَك وِينَك وِينَك يَا طُول الْبَال
يَا شُوق جَوَّال
فِي مَوَانِي الْأَمْل يَسْأَل

4-당신은 어디 있어요 이렇게 오랫동안 인내해야 하나요
사랑은 가만히 있지를 않아요
희망의 항구에서 물어보네요

يَحْلِف بِقَلْبِي لَك مَحَلّ
وَ الْحَال
وِينَك وِينَك وِينَك يَا طُول البَال

5-사랑이 맹세해요 당신이 내 마음에 자리잡고 있다고
그 상황을
당신은 어디 있어요 이렇게 오랫동안 인내해야 하나요

سِيدِي الوصَال
كَمْ أُعَاني عَذَابي جَنْبَك
الله يُسَامِح مَنْ ظَلَم

6-주인님 연락해요
무척 힘들어요 나는 당신 곁에 있어요
이렇게 힘들게 하는 당신을 하나님께서 용서하실 거에요

وَ الْحَال
وِينَك وِينَك وِينَك يَا طُول البَال

7-그 상황을
당신은 어디 있어요 이렇게 오랫동안 인내해야 하나요

1

صبر (쏴브르) 인내
احتار (이흐타-라) 당황하다
جفاء (자파-) 무정함, 쌀쌀함

طال (딸-라) 오래 지속되다
أمر (아므르) 일
دلال (달라-ㄹ) 아양, 애교

2

خليت (칼라이투) …하도록 두다
سال (쌀-라) 흐르다
صار (쏴-라) …가 되다
يرضي (유르디) 기쁘게 하다

دمع (다므으) 눈물
خد (캇드) 볼, 뺨
يجرى (야즈리) 흐르다
حال (하-ㄹ) 상황, 상태

3

هم (함므) 슬픔, 근심, 걱정
نار (나-ㄹ) 불
يشكى (야쉬키) 불평하다
أصم (아쑴므) 귀머거리

ليلى (라일라) 밤
ترحم (타르하무) 정을 베풀다
أبكم (아브쿠므) 벙어리

4

وينك (와이나카) 당신은 어디 있어요
بال (바-ㄹ) 상황, 근황

طول (뚜울) 길이
شوق (샤우끄) 그리움, 열정, 갈망

جول (자왈) 움직이는
أمل (아말) 희망

موانى (마와-니) 항구
يسأل (야쓰알루) 묻다, 질문하다

5

يحلف (야흘리푸) 맹세하다
محل (마할) 장소, 공간

قلب (깔브) 마음
لك (라카) 당신을 위해

6

سيدى (싸이이디) 어르신, 주인님
كم (캄) 얼마나
عذاب (아자-브) 고민, 괴로움
الله (알라) 하나님
من (만) 누구, 사람

وصال (위쏴-르) 연락, 연결
أعانى (아아-니) 내가 힘들어하다
جنب (잔브) 옆에
يسامح (유싸-미흐) 용서하다
ظلم (쫠라마) 힘들게 하다, 박해하다

الكلمات في جملة

صبر : أحتاج إلى الصبر
나는 인내가 필요해요.

طال : طال انتظاري أين أنتَ يا حبيبي؟
사랑하는 이여 어디에 있었어? 나는 오랫동안 기다렸는데.

احتار : احتار أخي بين السفر إلى أمريكا والسفر إلى بريطانيا
나의 동생은 미국여행과 이태리 여행의 선택을 두고 당황했어요.

أمر : هذا أمر مهم
이것은 중요한 일이야.

جفا : جفاني صديقي .
나의 친구는 나를 쌀쌀하게 대했다.

دلال : دلال المرأة ممل أحيانا
여자의 애교도 때로는 싫증날 때가 있다.

سال : دمعي يسيل على خدي عندما أقشر البصل.
양파껍질을 벗길 때 눈물이 나의 뺨으로 흐른다.

يجري : الكلب يجري في الحديقة

개가 정원에서 달리고 있다.

يرضي: أمي ترضي أبي دائما

나의 어머니는 항상 나의 아버지만으로 만족해 하십니다.

هم: الهم يأتي إلى الناس في الليل عادة

근심은 사람들에게 보통 밤에 오지요.

نار : النار أحرقت يدي

불이 나의 손에 화상을 입혔다.

ترحم : الأبناء لا يرحمون الآباء عند الكبر

자식들은 성장해서 부모들을 동정하지 않는다.

يشكو : أشكو من صعوبة اللغة الإنجليزية

나는 영어의 어려움에 불만이 있다.

أبكم ـ أصم: الأبكم لا يتكلم ، والأصم لا يسمع

벙어리는 말을 못하고 귀머거리는 듣지를 못한다.

شوق : شوقي لأمي كثير

나의 어머니가 너무 그리워요.

جوال : سندباد كان جوالا في كل الموانئ

신디바드는 모든 항구를 돌아다녔다.

الأمل : عندي أمل كبير أبنائي

나는 나의 자식들에 대해 큰 희망을 갖고 있다.

يسأل : أسأل أستاذي عندما لا أفهم

나는 이해가 되지 않을 때 나의 교수님께 질문을 한다.

يحلف : أحلف بالله أنني أحبك

나는 당신을 사랑한다고 하나님께 맹세합니다.

محل : لك محل بقلبي

나의 마음에 당신이 설 자리가 있어요.

الوصال : أريد الوصال مع من أحب

나는 내가 사랑하는 사람과 연락을 하고 싶다.

كم أعاني : كم أعاني من صعوبة الحياة

나는 삶이 힘들어죽겠어요.

عذابى : عذاب الحب أشد أنواع العذاب

사랑에 대한 벌은 모든 벌 중에서 가장 힘들어요.

الله يسامح: الله يسامحك

하나님께서 당신을 용서하실 거에요.

من ظلم : من ظلم سيُظلَم

박해를 하는 자는 박해를 받게 됩니다.

صابر الرباعي

الدُّنْيَا

غناء : صابر الرباعى

كلمات : سعود الشربتلي

الحان : سمير صفير

الله عَلَى الدُّنْيَا خَائَتْ لَيَالِينَا
مَرَّة تُضَحِّكَنَا ومَرَّة تُبْكِينَا
إِنْ مَرَّة صَفَيَت لَك كَمْ مَرَّة مَا تَصْفَى

1-세상은 항상 아름다운 것만은 아니에요 밤들이 우리를 기만해요
때로는 우리를 웃기기도 하고 때로는 우리를 울리기도 해요
한번 깨끗했을 뿐 몇 번이나 순수하지 않는가요

تَبْخَل و مَا تَدِي تِحْرُمْنَا مِن اللَّهْفَة

نُصبُر و بِنْدَارِي فِي قُلُوبْنَا الشَّكْوَى

و نَقُول يَا دِنْيَا يَا دِنْيَا عَلَى البُعْد مَا نَقْوَى

2-인색하고 베풀지 않는 것은 안타까운 일이에요
마음의 불만을 참고 숨겨요
세상이여, 세상이여 멀리 있어 힘이 없어요

مَرَّة تُضَحِّكَنَا ومَرَّة تُبْكِينَا

الله عَلَى الدُّنْيَا خَانَتْ لَيَالِينَا

مَرَّة تُضَحِّكَنَا ومَرَّة تُبْكِينَا

3-때로는 우리를 웃기기도 하고 때로는 우리를 울리기도 해요
세상은 항상 아름다운 것만 아니에요 밤들이 우리를 기만해요
때로는 우리를 웃기기도 하고 때로는 우리를 울리기도 해요

الله عَلَى الدُّنْيَا

الشَّكْوَى مَا تِنْفَع يَا أَهْل الله

الله يِصْبَرْنَا

4-세상은 항상 아름다운 것만은 아니에요
사람들이여 불만은 도움이 되지 않아요
하나님이여 인내하도록 하여주소서

وشُوفَة الأَحْبَاب أي والله تُجْبُر خَوَاطِرْنَا
مَتَى القُلُوب تِهِين بَعْد الجَفَا تَرْتَاح
يَا دُنْيَا ملينا يَا دُنْيَا جْرَاح فُوق جِرَاح

5-사랑하는 사람을 보고 싶어요 그래요 한번만 봐도 만족해요
오랫동안 보지 못한 마음이 기뻐할 거에요
세상이여 우리의 마음은 상처투성이에요

مَرَّة تُضَحِّكَنَا ومَرَّة تُبْكِينَا
الله عَلَى الدُّنْيَا

6-때로는 우리를 웃기기도 하고 때로는 우리를 울리기도 해요
세상은 항상 아름다운 것만은 아니에요

1

الله (알라) 하나님
دنيا (둔야) 세상
ليالي (라얄-리) 밤
تضحك (투드히쿠) 웃기다
صفية (쇠피야) 순수함
تصفي (투스피) 순수하게 하다

على (알라) ...위에, 나의 편
خانت (카-나트) 기만하다, 속이다
مرة (마르라) 한번은, 때로는
تبكي (투부키) 울리다
كم (캄) 얼마나

2

تبخل (타브칼루) 인색하다
تدي (툿디) 주다(방언)
لهفة (라흐파) 열망, 안타까움
نصبر (나스비루) 인내하다
قلوب (꿀루-브) 마음
نقول (나꿀-루) 우리는 말하다
بعد (부으드) 멈

تحرم (타흐림) 금지하다
نداري (누다-리) 숨기다. 아양떨다
شكوى (샤크와) 불평, 불만
يا دنيا (야 둔야) 세상이여
نقوى (누까위) 강하게 하다

3

(1번 참조)

4

تنفع (탄파우) 유익하다

يصبر (유스비루) 인내하게 하다

أهل (아흘) 가족, 가족 구성원

5

شوفة (샤우파) 보고 싶음

تجبر (타즈부루) 안심시키다

متى (마타) ...할 때

بعد (바으다) 후에

ترتاح (타르타-하) 편안하다

اجراح (이즈라-흐) 상처, 아픔

جراح (자라-흐) 상처

أحباب (아흐바-브) 사랑하는 사람들

خواطر (카와-띠루) 마음, 생각, 희망

تهين (타히-누) 별거아니다

جفاء (자파) 공허함

ملي (말리) 채우다

فوق (파우까) 위, 위에

6

الكلمات في جملة

الله : الله موجود في كل مكان
하나님은 모든 곳에 존재하고 계십니다.

الدُّنْيَا : الدنيا حلوة في عين السعيد.
행복한 눈으로 보면 세상은 달콤합니다.

خَانَ : الرجل خان المرأة
남자는 여자를 속입니다.

لَيَالِي: أسهر الليالي أفكر في حبيبي
나는 밤을 지새우며 나의 애인을 생각합니다.

مَرَّة : كم مرة تأكل في اليوم؟
당신은 하루에 몇 번 식사를 합니까?

ضَحَّك : كلامك ضحَّكَني
당신의 말이 나를 웃겼어요.

أبْكى : هذا الفيلم حزين جدا، لقد أبكاني
이 영화는 무척 슬퍼요. 나를 얼마나 울렸는지 몰라요.

صَفا : صفا الجو بعد الأمطار
비가 온 후 공기가 깨끗해졌어요.

بَخِل : بخل أبي فلا يعطني نقودا
나의 아버지는 인색해서 나에게 돈을 주지 않아요.

حَرَم : حرمتني أمي من مشاهدة التليفزيون
나의 어머니는 나에게 텔레비전 시청을 금지시켰어요.

اللَّهْفَة : أنتظر حبيبي بلهفة
나는 나의 애인을 애타게 기다리고 있어요.

نُصْبُر : لابد أن نصبر على الفقر
가난하더라도 우리는 인내해야 합니다.

دَارى : أداري حزني في قلبي
나는 나의 슬픔을 나의 가슴에 숨기지요.

الشَّكْوَى : عندي شكوى من الطلاب الكسالى
나는 태만한 학생들이 불만스러워요.

البُعْد : لا أستطيع على البعد
나는 멀리 할 수 없어요.

نَفَع : أريد أن أنفع أهلي
나는 내가 나의 가족에 도움이 되기를 바래요.

شُوفَة : شوفة الأحباب مهمة جدا
사랑하는 사람들간의 그리움은 무척 중요하지요.

خَوَاطِر : أبي دائما علي خاطري
나의 아버지는 항상 나를 염려하십니다.

الجَفَا : أشعر بجفاء حبيبي
나는 나의 애인에게 허무함을 느껴요.

تَرْتَاح : ترتاح أمي في الحديقة
나의 어머니께서는 정원에서 휴식을 취하고 계십니다.

جِرَاح : هذا الرجل عنده جراح كثيرة
이 남자는 상처를 많이 입었어요.

النظائر
AL-NAZAER
نجاة
NAJAT

لا تَكْذِبي

غناء: نجاة

كلمات: كامل الشناوى

تلحين: محمد عبدالوهاب

لا تَكْذِبي ..
إِنِّي رَأَيْتُكُمَا مَعًا
ودَعِي البُكَاء فَقَدْ كَرِهْتُ الأَدْمُعَا

1-거짓말 하지 말아요
나는 두 사람이 함께 있는 것을 보았어요
거짓 눈물 보이지 말아요 나는 그 눈물 싫어요

مَا أَهْوَنُ الدَّمْعَ الْجَسُورِ إِذَا جَرَى
مِنْ عَيْنٍ كَاذِبَةٍ فَأَنْكَرَ وَادَّعَى
إِنِّي رَأَيْتُكُمَا

2-그렇게 쉽게 뻔뻔스러운 눈물을 흘리나요
거짓의 눈에서 흐르는 눈물 나는 싫어요 그만 둬요
나는 두 사람이 함께 있는 것을 보았어요

إِنِّي سَمِعْتُكُمَا ..
عَيْنَاكِ فِي عَيْنَيْهِ فِي شَفَتَيْهِ،
فِي كَفَّيْهِ، فِي قَدَمَيْهِ

3-나는 두 사람의 관계를 이미 들었어요
당신의 눈은 그 남자의 눈과 그의 두 입술과
그의 두 손과 두 발 안에 있어요

وَيَدَاكِ ضَارِعَتَانِ
تَرْتَعِشَانِ مِنْ لَهَفٍ عَلَيْهِ
لَا تَكْذِبِي ..

4-당신의 두 손은 그에게 애걸하고 있어요
그에 대한 그리움으로 떨고 있어요
거짓말 하지 말아요

تَتَحَدَّيَانِ الشَّوْقَ بالقُبْلاتِ
تَلْسَعُني بصَوْتٍ مِنْ لَهيبٍ
بالْهَمْسِ .. بالآهَاتِ

5-당신 두 사람은 키스를 열정적으로 하고 있어요
사랑으로 불타는 소리가 나를 때려요
사랑의 속삭임과 흥분의 소리가 나를 때려요

بالنَّظَرَاتِ .. باللَّفَتَاتِ ..
بالصَّمْتِ الرَّهِيبِ
وَيَشُبُّ في قَلْبي حَريقٌ

6-눈 맞춤과 몸 돌림과
두려운 침묵이
내 마음에 불을 지펴요

وَيَضِيعُ مِنْ قَدَمِي الطَّريقُ
وَتُطِلُّ مِنْ رَأْسِي الظُّنُونُ
تَلُومُني وَتَشُدُّ أُذَنِي

7-나의 발이 길을 잃었어요
나의 머리는 온통 의심밖에 없어요
그 의심이 나를 비난하고 나의 귀를 조여요

فَلَطَالَمَا بَارَكْتُ كِذْبَكِ كُلَّهُ
وَلَعَنْتُ ظَنِّي
لَا تَكْذِبِي..

8-나는 당신의 모든 거짓말에 많은 축복을 보냈지요
그리고 나의 의심을 저주했어요
거짓말 하지 말아요

مَاذَا أَقُولُ لِأَدْمُعٍ سَفَحَتْهَا أَشْوَاقِي إِلَيْكِ ؟
مَاذَا أَقُولُ لِأَضْلُعٍ مَزَّقْتُهَا خَوْفًا عَلَيْكِ ؟
أَأَقُولُ هَانَتْ ؟

9-당신을 그리워했던 나의 눈물에 무어라 말하지요?
당신에 대한 염려로 찢겨진 내 가슴에 무어라 말하지요?
나의 사랑이 보잘 것 없었다고 말할까요?

أَأَقُولُ هَانَتْ ؟
أَأَقُولُهَا
لَوْ قُلْتُهَا أَشْفِي غَلِيلِي

10-나의 사랑이 보잘 것 없었다고 말할까요?
그렇게 말할까요?
내가 만일 그렇게 말했다면 나의 원한을 달랬을 거에요

يَا وَيْلَتِي .. لا لَنْ أَقُولَ أَنَا ، فَقُولِي
لا تَخْجَلِي . لا تَفْزَعِي مِنِّي فَلَسْتُ بِثَائِرٍ
أَنْقَذْتِني مِنْ زَيْفِ أَحْلامِي

11-내가 죽을 놈이에요. 나는 절대 말하지 않을 테니 당신이 말해요
수줍어하지 말아요 나를 두려워하지 말아요 나는 화나지 않았어요
당신은 나의 허황된 꿈에서 나를 구해주었어요

وغدْر مَشَاعِرِي
فَرَأَيْتِ أَنَّكِ كُنتِ لِي قَيْدًا
حَرَصْتُ الْعُمْرَ أَلا أَكْسَرَهُ

12-내 감정의 배반으로부터 나를 구해주었어요
당신은 나에게 족쇄였어요
나는 일생 동안 그 족쇄를 깨뜨리지 않으려고 최선을 다했어요

فَكَسَرْتِه
ورَأَيْتِ أَنَّكِ كُنْتِ لِي ذَئْبًا
سَأَلْتُ اللهَ أَلا يَغْفَرَهُ

13-그런데 당신이 그 족쇄를 깨뜨려주었어요
당신은 나에게 하나의 죄였어요
나는 하나님께 그 죄를 용서하지 말라고 기도했어요

فَغَفَرْتَه
لا تَكْذِبِي..
كُونِي كَمَا تَبْغِين

14-그런데 당신이 그 죄를 그 죄를 용서하였어요
거짓말하지 말아요
당신이 원하는 대로 해요

لَكِنْ لا تَكُونِي
فَأَنَا صَنَعْتُكِ مِنْ هَوَايَّ
ومِنْ جُنُونِي
ولَقَدْ بَرِئْتُ مِنَ الْهَوَى ومِنَ الْجُنُونِ

15-그러나 나의 애인이 되지 말아요
나는 나의 사랑으로 당신을 만들었어요
내가 미쳐서 그랬던 거에요
이제 나는 그 사랑과 망상에서 해방되었어요.

1

لا تكذبي (라 타그지비) 거짓말 하지 말아요

رأيت (라아이투) 나는 보았어요　كما (쿠마) 당신 두 사람을

معا (마안) 함께 하고 있는 것을　دعي (다이) 그만 두세요

بكاء (부카) 울음　كرهت (카리흐투) 나는 싫어요

أدمع (아드마아) 눈물

2

أهون (아흐와느) 쉬운　جسور (자쑤-르) 뻔뻔스러운, 용감한

جرى (자라) 흐르다, 달리다　عين (아인) 눈물

كاذبة (카-지바) 거짓의　أنكر (안카라) 싫다, 부정하다

ادعى (잇다이) 그만 두세요

3

سمعت (싸미으투) 나는 들었어요　شفة (사퍄타) 입술

كف (캇프) 손바닥　قدم (까담)

4

يد (야드) 손　ضارعة (돠-리아) 간구, 애걸

ترتعش (타르타이슈) 떨다　لهف (라흐프) 그리움, 열망

5

تتحدى (타타핫다) 도전하다
قبلة (꾸블라) 키스, 입맞춤
صوت (사우트) 소리
همس (히미쓰) 귓속말, 속삭임

شوق (사우끄) 그리움, 사랑
تلسع (탈싸우) 쏘다, 찌르다
لهيب (라히-브) 불, 불길
آهات (이히-트) 소리(사랑의 흥분)

6

نظرات (나좌라-트) 눈맞춤, 쳐다봄
صمت (쌈트) 조용함, 침묵
قلبي (깔비) 나의 마음

لفتات (라프타-트) 몸놀림
يشب (얏숩부) 불타다, 타오르다
حريق (하리-끄) 화재, 불이남

7

يضيع (야듸-우) 잃다
تطل (타뚤루) 내다보다
ظنون (주누-ㄴ) 의심
تشد (타슈두) 조이다, 끌어당기다

طريق (똬리-끄) 길
رأس (라으쓰) 머리, 고개
تلوم (탈루-무) 질책하다, 비난하다
أذن (우준) 귀

8

باركت (바-라크투) 축복을 빌었다
لعن (라아나) 저주하다

كذب (카집) 거짓말
ظن (쫜느) 의심

9

ماذا (마-자) 무엇이라고

أقول (아꿀-루) 내가 말하다

سفح (사파하) 흐리다

أضلع (아들라으) 갈비, 가슴

خوف (카우프) 두려움

أشواق (아슈와-끄) 그리움, 사랑

مزق (맞자까) 찢다

هانت (하-나트) 보잘것 없다

10

أشفي غليلي (아슈파 갈릴리) 한을 달래다

11

لكن (라-킨) 그러나

لا تكوني (라 타쿠-니) …가 되지 마세요

أنا (아나) 나는

هواء (하와) 사랑

صنع (쏴나아) 만들다, …하게 하다

برئ (바리아) 죄없다, 벗어나다

14

15

الكلمات في جملة

لا تَكْذِب: لا تكذب فأنا أعرف الحقيقة
거짓말 말아요 나는 사실을 알고 있어요.

دَع: دع الكتاب وانظر إلى السبورة
책을 두고 칠판을 보세요

البُكَاء : البكاء دليل الضعف
울음은 허약함의 근거에요.

مَا أهْوَنُ: ما أهون هذا الشخص !
이 사람은 얼마나 하찮은 인간인가!

الْجَسُور : هذا جندي جسور
이는 용감한 군인이다.

جَرَى : جرى الولد في الشارع
그 소년은 거리에서 달렸다.

أنْكَرَ : أنكر المجرم الجريمة، ولم يعترف، وادّعى أنه كان
مريضا
그 죄인의 죄를 부정하고 인정하지 않으면서 그는 아팠다고 주장했다.

ضَارَعَ: أكون ضارع في الصلاة

나는 예배 때 간구하게 됩니다.

تَرْتَعِشَ: يدي ترتعش من البرد

추워서 내 손이 떨려요.

تَحَدَّى: لا تستطيع أن تتحداني

당신은 나에게 도전할 수 없을 것입니다.

القُبْلَةِ: أعطيت قبلة لحبيبي

나는 나의 애인에게 키스를 하였지요.

تَلْسَعَ: النحلة فى الحديقة تلسعني

정원의 벌이 나를 쏘았다.

لَهِيبٍ: رأيت لهيب النار في المنزل المشتعل

나는 불이 난 집에서 화염을 보았다.

بِالْهَمْس : يتكلم الحبيبان بالهمس

두 연인이 속삭이고 있다.

الآهَاتِ: في المستشفى تسمع كثيرا من الآهات

당신은 병원에서 아- 하는 신음소리를 많이 들을 것입니다.

الرَّهِيبِ : هذا أستاذ رهيب

이 분은 무서운 교수님이에요.

حَرِيقٌ: شب حريق في بيت جارنا

우리의 이웃집에서 불길이 올라왔다.

يَضِيعُ : ضاع محمولي أمس

나는 어제 나의 핸드폰을 잃어버렸다.

الطَّريق: الطريق طويل من بيتي إلى الجامعة

나의 집에서 대학교까지는 길이 멀다.

أطَّل: بيتي يطل على النيل

나의 집은 나일강 쪽으로 뻗쳐 있다.

رَأس: في رأسي أفكار كثيرة

내 머리에는 많은 생각들이 있다.

تَلُوم: ألوم نفسي عندما أفشل في الامتحان

나는 시험에 실패할 때 나 자신을 책망한다.

تَشُدُّ: أبي يشد أذني حينما لا أسمع كلامه

나의 아버지께서는 아버지의 말씀을 듣지 않을 때 나의 귀를 잡아당기신다.

طَالمَا: طالما أذهب إلى المكتبة لأدرس

나는 공부를 많이 하기 위해 도서관에 간다.

بَارَك: الله يباركك

하나님께서 당신에게 축복을 내리시기를!

لَعَن: لا تلعن أبي

나의 아버지를 저주하지 말아요.

ظَنّ: إن بعض الظن إثم

어떤 의심들은 죄가 되지요.

أَضْلُع: أحب أن آكل أضلع الخروف

나는 양고기 갈비를 좋아해요.

مَزَّق: مزقت الصور القديمة لمحبوبتي السابقة

나는 과거 나의 여자친구 옛날 사진들을 찢어버렸어요.

خَوْف: أشعر بالخوف من الله

나는 하나님에 대한 두려움을 느껴요.

هَانَ: هانت عليه نفسه فانتحر

그녀가 그를 하찮게 여기자 그는 자살을 하였다.

أَشْفِي غَلِيلِي : أريد أن أضربه لأشفي غليلي

나는 나의 한을 달래기 위해 그를 때려주고 싶다.

يَا وَيْلَتِي: فشلتُ في الامتحان... يا ويلتي

내가 시험에서 실패하다니 … 슬프구나!

تَخْجَل : تخجل البنت فيحمر وجهها

그 소녀는 수줍어 하면서 자신의 얼굴을 붉혔다.

تَفْزَع: أفزع من الكابوس

나는 악몽이 두렵다.

ثَائِر: لماذا أنت ثائر؟

왜 너는 흥분하니?

أَنْقَذ: أنقذ الرجل الغريق

그 남자는 물에 빠진 자를 구했다.

زَيْف: أعاني من زيف المشاعر

감정의 속임이 나를 괴롭혔다.

أَحْلَامٍ: أراك في أحلامي

나의 꿈에서 너를 볼께.

غَدْر: الغدر حرام في الإسلام

기만은 이슬람에서 금기다.

مَشَاعِرِ: مشاعري حساسة

나의 감정은 예민해요.

قَيْد: يضع الضابط القيد في أيدي المجرم

경찰이 죄인의 손에 족쇄를 채우고 있다.

حَرَص: أحرص على استماع الأغاني العربية

아랍어 음악 감상을 갈망하고 있어요.

الْعُمْرَ: كم تبلغ من العمر؟

당신의 나이는 몇 살이지요?

كَسَرَ: كسرتُ أطباقا كثيرة في المطبخ

나는 부엌에서 많은 접시를 깨뜨렸어요.

ذَنْب: أحال ألا أرتكب ذنبا لكن لا أستطيع

나는 어떠한 죄도 짓지 아니하려고 하는데 그럴 수가 없어요.

سَأَلْتُ الله: سَأَلْتُ الله أن يغفر ذنوبي

나는 나의 잘못을 용서하여 달라고 하나님께 간구했어요.

تَّبْغِي: أبغي نقودا كثيرة
나는 많은 돈을 원해요.

صَنَع: نصنع القماش من القطن
우리는 목화로 천을 만들지요.

جُنُّونِي: هذا الرجل يعاني من الجنون
이 남자는 정신병으로 고생을 하고 있어요.

أُحِبُّكَ جدًّا

غناء: ماجدة الرومي

كلمات: نزار قباني

ألحان: مروان خوري

أُحِبُّكَ جدًّا
وأَعْرِفُ أَنِّي تَوَرَّطْتُ جدًّا
وأَحْرَقْتُ خَلْفِي جَمِيعَ الْمَرَاكِب

1-나는 당신을 너무나 사랑해요
나는 진퇴양난에 빠져있다는 것을 잘 알아요
내 뒤에 있는 모든 배들을 불살라버렸어요

وَأَعْرِفُ أَنِّي سَأُهْزَمُ جِدًّا
بِرَغْمِ الدُّمُوعِ وَرَغْمِ الْجِرَاحِ و رَغْمِ التَّجَارِب
وَأَعْرِفُ أَنِّي بِغَابَاتِ حُبِّكَ وَحْدِي أُحَارِب

2-나는 분명히 패배할 것이라는 것을 알고 있어요
당신 때문에 울고 상처를 입고 경험도 했어요
나는 당신의 사랑의 숲에서 혼자 싸우고 있다는 것도 알고 있어요

وَأَنِّي كَكُلِّ الْمَجَانِين
حَاوَلْتُ صَيْدَ الْكَوَاكِب
وَأَبْقَى وَأَبْقَى أُحِبُّكَ

3-나는 정신이 나간 사람들과 다를 바 없나 봐요
하늘의 별들을 사냥하려고 노력했으니 말이에요
확실한데도 나는 아직도 당신을 사랑하고 있어요

رَغْمُ يَقِينِي لِأَنَّ الْوُصُولَ إِلَيْكَ مُحَال
يَا مَنْ دَفَعْتُ بِحُبِّكَ نِصْفَ حَيَاتِي
وِيَا مَنْ أَشِيلُكَ كَالطِّفْلِ فِي أُغْنِيَاتِي

4-당신에게 도달하는 것이 불가능하다는 것이 분명한데도
나는 내 인생 절반을 당신에 대한 사랑을 위해 바쳤어요
나는 당신을 어린이처럼 나의 노래에 담고 다닐거에요

أَنا لا أُحِبُّكَ مِنْ أَجْلِ شَالِّ حَرِيرٍ وعِطْرٍ مُثِيرٍ
ولكِنْ أُحِبُّكَ حَتَّى أُؤَكِّدَ ذاتِي
أُحِبُّكَ أُحِبُّكَ وأَعْرِفُ أَنْ هَوَاكَ اِنْتِحَار

5-나는 실크 숄과 그윽한 향수 때문에 당신을 사랑하는 것이 아니에요
나의 존재를 확인하기 위해 당신을 사랑하는 거에요
나는 당신을 사랑하고 당신의 사랑은 자살이라는 것도 알아요

وأَنِّي حِينَ سَأُكْمِلُ دَوْرِي
سَيُرْخَى عَلَيَّ السِّتَار
وأَنَّ سُكُوتِي أَمَام هَوَاكَ الكَبِير اِنْتِصَار

6-내가 사랑의 임무를 완성하면
막이 내려질꺼에요
당신의 큰 사랑 앞에서 침묵하는 것만이 승리인 것 같아요

①

أحبك (우힙부키) 나는 당신을 사랑해요

أعرف (아으리프) 나는 알아요

أحرق (아흐라까) 불살라버리다

جميع (자미-으) 모든

جدا (짓단) 대단히, 많이

تورط (타와르라빠) 진퇴양난에 빠지다

خلف (칼프) 뒤에

مراكب (마라-키브) 배들, 선박들

②

أهزم (우흐지무) 내가 패배하다

دموع (두무-으) 눈물

تجارب (타자-루브) 실험, 경험

حب (브) 사랑

أحارب (우하-리부) 내가 대항하다, 싸우다

برغم (비라그미) ...에도 불구하고

جراح (자라-흐) 상처, 아픔, 고통

غابات (가바-트) 숲

وحدي (와흐디) 나홀로, 혼자서

③

أملك (아믈리쿠) 나는 갖고 있다

مجانين (마자니-ㄴ) 정신 나간 것들

صيد (쏴이드) 낚시, 사냥

أبقى (아브까) 나는 계속 ..할 것이다

كل (쿨루) 모든 것

حاولت (하-왈투) 나는 시도했다

كواكب (카와-키브) 별들, 유성들

④

يقيني (야끼-니) 나의 확신   وصول (우수-ㄹ) 도달, 달성

محال (마하-ㄹ) 불가능

دفعت (다파으투) 나는 대가를 치루었다

نصف (니스프) 절반   حياتي (하야-티) 나의 인생

أشيل (아쉴-루) 앉고 다니다   ك (카) ...처럼

طفل (띠플) 어린애, 아기   أغنياتي (우그니야-티) 나의 노래

⑤

من أجل (민 아즐리) ...을 위해   شال (샤-ㄹ) 숄

حرير (하리-르) 명주, 실크   عطر (이뜨르) 향수

مثير (무씨-르) 풍기는, 흥분시키는   لكن (라-킨) 그러나

أؤكد (우앗키두) 나는 확신하다   ذاتي (다-티) 나의 존재

هواء (하와) 사랑, 공기   انتحار (인티하-르) 자살

⑥

حين (히-나) ...할 때   أكمل (우크밀루) 내가 완성하다

دوري (다우리) 나의 임무   يرخي (유르카) 내리다

ستار (씨타-르) 막, 커튼   سكوتي (쑤쿠-티) 나의 침묵

أمام (아마-마) 앞에   بير (카비-르) 큰, 위대한

انتصار (인티솨-르) 승리

الكلمات في جملة

أعرف: هل تعرف معنى هذه الكلمة؟ لا، لا أعرف

너는 이 단어의 의미를 아니? 아니야, 나 몰라.

تورط: تورط الطالب في مصاريف الدراسة بعد موت أبيه

이 학생은 그의 부친 사망 후 학비 때문에 진퇴양난에 빠져 있다.

أحرق: أحرقت صور حبيبي القديم

나는 옛 남자친구의 사진들을 소각시켰다.

خلف: يمشي الطفل خلف أمه

그 어린애는 어머니를 뒤따라 걷고 있다.

جميع: جميع الكتب في هذه المكتبة تقريبا

거의 모든 책들이 이 도서관에 있다.

المراكب: في البحر مراكب كثيرة

바다에는 많은 배들이 있다.

أَهْزَم: سأهزم أمام هذا الجيش الكبير

나는 이 거대한 군인들을 패배시킬 것이다.

برغم: برغم أني شربت ماء كثيرا إلا أني ما زلت عطشان
물을 많이 마셨는데도 불구하고 나는 아직도 갈증이 난다.

الدموع : دموعي صعب أن تراها
당신이 나의 눈물을 보기는 어려울 것이다.

الجراح : الرجل به جراح كثيرة
이 남자에게는 상처가 많다.

تجارب : ليس عندي تجارب في الحب
나는 사랑의 경험이 없다.

غابات : في إفريقيا غابات كثيرة
아프리카에는 많은 숲들이 있다.

وحدي : أخاف عندما أكون وحدي في البيت
나 혼자 집에 있게 될 때 나는 두렵다.

حارب : حارب الجندي العدو
그 군인은 적을 공격하였다.

ملك : أملك كثيرا من الذهب
나는 금을 많이 갖고 있다.

المجانين : انظر هناك هذا مستشفى للمجانين
저기 봐요. 이것은 정신병 환자 병원이에요.

حاول : أحاول أن أتكلم اللغات دائما
나는 항상 여러 언어를 말하려고 노력한다.

صيد : أحب صيد السمك

나는 낚시를 좋아해요.

الكواكب : ذهبنا إلى الكواكب بالصاروخ

우리는 로켓을 타고 우주에 갔어요.

أبقى : أبقى في البيت في العطلة الأسبوعية عادة

나는 보통 주말에는 이 집에 머물러요.

يقين: عندي يقين كبير أنني سأكون شخصا مهما في المستقبل

나는 미래에 훌륭한 인물이 될 것이라는 큰 확신을 갖고 있어요.

الوصول : هذه البنت صعب الوصول إليها

이 소녀에게 접근하기란 어려워요.

محال : محال أنا تفهم ما أقصد

내가 뜻하는 바를 당신이 이해하기란 불가능할 거에요.

دفع : دفعتُ كل نقودي في الدراسة

나는 내 학업에 나의 모든 돈을 지불했어요.

حياتي : أنت حياتي

당신은 나의 생명이에요.

أشيل : شالت الأم طفلها

어머니는 자신의 아이를 업고 다니신다.

من أجل : ذهبت إلى مصر من أجل دراسة اللغة العربية

나는 아랍어를 공부하기 위해 이집트에 갔다.

شال : اشتريت شالا من السوق أمس
나는 어제 시장에서 숄 하나를 구입했다.

حرير : هذا الفستان مصنوع من الحرير
이 원피스는 실크로 만들어졌다.

عطر : أحب عطر الزهور
나는 꽃 향수를 좋아해요.

مثير : هذه البنت مثيرة جدا
이 소녀는 무척 매혹적이다.

أؤكد : أؤكد لك أن هذه المرأة قامت بعملية تجميل
당신에게 확신하건대 이 여자는 성형수술을 했다.

ذاتي: أريد أن أحقق ذاتي لذلك سأعمل
나는 나의 존재를 실현하기를 원한다. 그래서 나는 일할 거에요.

انتحار: انتشرت ظاهرة الانتحار في كوريا في الأيام الأخيرة
최근 한국에서는 자살 현상이 퍼졌다.

سأكمل : سأكمل واجبي غدا
나는 내일 나의 숙제를 완성할 것이다.

دور : حينما يكمل الممثل دوره في المسرح يرخى الستار عليه
연예인이 극장에서 자신의 임무를 마치면 막이 내리지요.

سكوت: لا أحب السكوت تكلم
나는 침묵을 싫어해요. 말해요.

انتصار : نتمنى انتصار الشعوب العربية على حكامها الظالمين
부정한 통치자들에 대한 아랍 민족들의 승리를 기원합니다.

وَعَدْتُكَ

غناء: ماجدة الرومى
كلمات: نزار قباني
تلحين: كاظم الساهر

وَعَدْتُكَ أَلَّا أُحِبُّكَ
ثُمَّ أَمَامَ القَرَار الكَبِير جَبُنْتُ
وَعَدْتُكَ أَلَّا أُحِبُّكَ

1-나는 당신을 사랑하지 않기로 약속했지요
그런데 그 큰 결정 앞에서 나는 정신이 나갔어요
나는 당신을 사랑하지 않기로 약속했지요

ثُمَّ أَمَامَ القَرَارِ الكَبِيرِ جَبُنْتُ

وَعَدْتُكَ أَلَّا أَعُودَ وَعُدْتُ

وَلَا أَمُوتَ اِشْتِيَاقًا وَمُتُّ

2-그런데 그 큰 결정 앞에서 나는 정신이 나갔어요
나는 돌아오지 않겠다고 약속하고서 돌아왔어요
나는 그리움 때문에 죽지 않을 거에요 그런데 죽고 말았어요

وَعَدْتُ بِأَشْيَاءَ أَكْبَرَ مِنِّي

فَمَاذَا بِنَفْسِي فَعَلْتُ

لَقَدْ كُنْتُ أَكْذِبُ مِنْ شِدَّةِ الصِّدْقِ

3-나보다 더 큰 많은 것으로 약속했지요
그런데 나는 무슨 짓을 했지요
나는 정말로 큰 거짓말을 했어요

وَالْحَمْدُ لله الْحَمْدُ لله

إِنِّي كَذَبْتُ الْحَمْدُ لله

وَعَدْتُكَ أَلَا أَكُونَ أَسِيرَةَ ضَعْفِي وَكُنْتُ

4-하나님께 영광을 드려요 하나님께 영광을 드려요
나는 거짓말을 했어요 하나님께 영광을 드려요
나는 나약한 포로가 되지 않겠다고 약속했어요 그런데 그렇게 되었어요

وَلا أَقُولَ لِعَيْنَيْكَ شِعْرًا وقُلْتُ
وَعَدْتُكَ بِأَلَّا وَأَلَّا وَأَلَّا
فَكَيْفَ وَأَيْنَ وِفِي أَيِّ يَوْمٍ تُرَاني وَعَدْتُ

5-당신의 두 눈에 시를 말하지 않겠다고 약속했어요 그런데 말해버렸어요
그렇게 하지 않겠다고 그렇게 하지 않겠다고 나는 약속했어요
어떻게, 어디서, 어느 날 약속을 했는지 기억이 나지 않아요

لَقَدْ كُنْتُ أَكْذِبُ مِنْ شِدَّةِ الصِّدْقِ
وَالْحَمْدُ لله الْحَمْدُ لله
إِنِّي كَذَبْتُ الْحَمْدُ لله

6- 나는 정말로 큰 거짓말을 했어요
하나님께 영광을 드려요 하나님께 영광을 드려요
나는 거짓말을 했어요 하나님께 영광을 드려요

وَعَدْتُكَ أَلَّا أَصِيدَ الْمَحَارَ بِشُطْآن عَيْنَيْكَ طِيلَةَ عَام
فَكَيْفَ أَقُولُ كَلَامًا غَرِيبًا كَهَذَا الكَلَام
وعَيْنَاكَ دَارِي.. دَارِي.. عَيْنَاكَ دَارِي

7-일년 내내 당신 두 눈의 해변에서 미하르 물고기를 잡지 않겠다고 약
속했어요
내가 어떻게 이런 이상한 말을 하고 있는지 모르겠어요
당신의 두 눈은 나의 집이에요 당신의 두 눈은 나의 집이에요

وعَيْنَاكَ دَارِي و دَارُ السَّلَام
وأَنْتَ البِدَايَة وأَنْتَ البِدَايَة فِي كُلِّ شَيْءٍ
ومِسْكُ الْخِتَامِ مِسْكُ الْخِتَامِ

8-일년 당신의 두 눈은 나의 집이요 평화의 집이에요
당신은 시작이에요 당신은 모든 것의 시작이자
향기가 그윽한 마지막이에요 향기가 그윽한 마지막이에요

1

وعدتك (와앗두카) 나는 당신에게 약속했어요

ألا (안라) ...하지 않기로

أحبك (우힙부키) 나는 당신을 사랑해요

ثم (쏨마) 그런 후   أمام (아마-마) 앞에

قرار (까라-르) 결정   كبير (카비-르) 큰

جبنت (주분투) 나는 비겁했어요

2

أعود (아우-두) 내가 돌아오다   عدت (웃두) 나는 돌아왔어요

أموت (아무-투) 나는 죽다   مت (뭇투) 나는 죽었다

اشتياق (이쉬티야-끄) 그리움

3

أشياء (아쉬야-) 많은 것   أكبر (아크바루) 더 중요한, 더 큰

ماذا (마-자) 무엇을   بنفسى (바납씨) 나 스스로, 내가

فعلت (파알투) 나는 ...을 하였다   أكذب (아크지부) 내가 거짓말하다

شدة (쉿다) 강렬함, 힘   صدق (시드끄) 진실, 사실

4

الحمد لله (알함두릴라) 하나님께 모든 영광을 드려요
أكون (아쿠-나) 내가 ...이 되다   أسيرة (아씨-라) 여성포로
ضعفى (돠아피) 허약한, 나약한   كنت (군투) 내가 ...이 되었어요

5

أقول (아꿀-루) 나는 말해요   لعينيك (리아이나이카) 당신의 두 눈에
شعر (씨으르) 시   قلت (꿀투) 나는 말했어요
كيف (카이파) 어떻게   أين (아이나) 어디서
في أى يوم (피 아이 야우민) 어느 날
ترانى (타라-니) 당신이 나를 보다

6

7

أصيد (우시-) 내가 낚시하다   محار (마하-르) 생선 이름
شطآن (샤뜨아-ㄴ) 해변   طيلة (띨-라) 동안, 내내
عام (암-) 년, 해   كلام (칼라-ㅁ) 말, 말씀
غريب (가리-브) 이상한, 낯선   دارى (다-리) 나의 집

8

سلام (쌀람) 평화   أنت (안타) 당신
بداية (비다-야) 처음, 시작
فى كل شيء (피 쿨리 샤이이) 모든 일에 있어
مسك (미스크) 미스크 향   ختام (키타-ㅁ) 끝, 마지막

الكلمات في جملة

وعد: وعدت أبي أن أكون متفوقا في الدراسة
나는 학업에 우수한 자가 되겠다고 나의 아버지께 약속했다.

ألا= أن لا : يجب ألا تتكلم وأنت تأكل
음식을 먹으면서 말해서는 안 되요.

أمام : وقفت أمام الأهرام
나는 피라미드 앞에 서 있었다.

القرار: قرار السفر إلى الخارج قرار صعب
해외 여행 결정을 한다는 것은 어려워요.

كبير: حبي كبير جدا
나의 사랑은 무척 크지요.

جَبُن: لا تَجْبُن وتقدم.
겁내지 말고 전진해요.

أعود : أعود من الجامعة متأخرا
나는 대학에서 늦게 돌아갈 거에요.

أموت : أموت فيك= أحبك جدا

나는 당신 안에서 죽을 거에요(나는 당신을 무척 사랑해요)

اشتياق: اشتياقي شديد لأهلي

나는 나의 가족이 너무나 그리워요.

أشياء : أشتريت أشياء كثيرة أمس

나는 어제 많은 것들을 구입했다.

نفس: نفسي تشتاق إليك

나의 영혼은 당신을 그리워하고 있어요.

فعل: ماذا فعلت أمس؟ لم أفعل شيئا مهما

너는 어제 무엇 했니? 나는 아무런 중요한 것을 하지 않았어.

كَذبَ: يكذِب الأطفال كثيرا

아이들은 거짓말을 많이 하지요.

شدة : أبكي من شدة الألم

나는 너무 심하게 아파서 울고 있어요.

الصدق: الصدق غير موجود في هذه الأيام

요사이 진실은 존재하지 않아요.

الحمد الله: الحمد لله حصلت على وظيفة جيدة

하나님의 덕분에 나는 좋은 직업을 얻었어요.

أسيرة : وقعت المرأة أسيرة في العدو

그 여성은 전쟁에서 포로가 되었다.

ضعف: كل إنسان يمر بلحظة ضعف

모든 인간은 허약한 순간을 겪게 된다.

عينيك: ما لون عينيك؟

당신 두 눈은 어떤 색깔인가요?

شعر: هل قرأت شعرا كوريا؟

당신은 한국 시를 읽어보았나요?

أصيد : أصيد السمك في البحر

나는 바다에서 낚시를 해요.

شطَان : أحب أن أتمشى على شطان البحر

나는 해변가 산책을 좋아해요.

طيلة : لم أشرب الخمر طيلة عمري

나는 내 평생 술을 마시지 않았어요.

كلام : ماذا تقول هذا كلام غريب

무슨 말을 해요. 이 말은 이상해요.

دارى : داري بعيدة عن الجامعة

나의 집은 대학교에서 멀리 떨어져 있어요.

السلام : السلام يجب أن ينتشر بين الناس

평화가 사람들 사이에 퍼져나가야 해요.

البداية : بداية كل محاضرة يسلم علينا الأستاذ

매 강의 시작 때마다 교수님은 우리에게 인사를 해요.

مسك الختام : مسك الختام هذا الكلام الجميل منك.

당신의 마지막 말이 아름다워요.

umaya Kaisar
أحلى أغاني
سمية قيصر

فِي عَيْنَيْكَ عُنْوَاني

غناء: سمية القيصر
كلمات: فاروق جويدة
تلحين: محمد عبد الوهاب
وأكمل تلحينها محمد الموجي بعد وفاته.

يَقُولُ النَّاسُ يَا عُمْري .. بأنَّكَ سَوْفَ تَنْسَاني
وتَنْسَى أَنَّني يَوْمًا .. وَهَبْتُكَ نَبْضَ وِجْدَاني
و تَعْشَقُ مَوْجَةً أُخْرَى .. وَتَهْجُرُ دِفْءَ شُطَّاني

1-사람들이 말해요 나의 연인이여 .. 그대는 나를 잊겠지요
당신은 잊겠지요 어느 날 내가 당신에게 준 사랑의 맥박을
다른 파도를 그리워하면서 내 해변의 따뜻함을 멀리하겠지요

وَيَسْقُطُ كَالْمُنَى اِسْمِي .. وسَوْفَ يَتُوهُ عُنْوَاني
تُرَى سَتَقُولُ يَا عُمْري... بِأَنَّكَ كُنْتَ تَهْوَاني؟
حَبِيبي .. كَيْفَ تَنْسَانِي؟

2-소나기처럼 내 이름이 떨어지겠지요 내가 어디에 있는지 모르겠지요
당신은 나를 사랑한다고 말해놓고서
사랑하는 사람이여 어떻게 나를 잊는단 말이에요

أَتَيْتُكَ وَالْمُنَى عِنْدِي .. بَقَايَا بَيْنَ أَحْضَاني
أُحِبُّك وَاحَةً هَدَأَتْ .. عَلَيْهَا كُلُّ أَحْزَاني
أُحِبُّكَ نَسْمَةً تَرْوِي .. لِصَمْتِ النَّاسِ أَلْحَاني

3-나는 당신에게 왔지만 나는 시체나 다름없어요.. 당신은 나의 품안에
있어요
나는 당신을 오아시스처럼 사랑해요 그곳에 가면 나의 모든 슬픔이 사라
져요
나는 당신을 미풍처럼 사랑해요 사람들은 침묵을 하고 있지만 나는 노래
불러요

أُحِبُّكَ أَنْتَ يَا أَمَلا .. كَضَوْءِ الصُّبْحِ يَلْقَانِي
تُرَى سَتَقُولُ يَا عُمْرِي... بِأَنَّكَ كُنْتَ تَهْوَانِي؟
حَبِيبِي .. كَيْفَ تَنْسَانِي؟

4-나는 당신을 사랑해. 당신은 나의 희망이에요.. 아침햇살처럼 말이에요
당신은 나를 사랑한다고 말해 해놓고서
사랑하는 사람이여 어떻게 나를 잊는단 말이에요

1

عينيك (피 아이나이카) 당신의 두 눈
يقول (아꿀-루) 말하다
يا عمري (야 우무리) 나의 연인이여
تنسى (탄사) 잊으세요
وهبت (와합투) 나는 선물했다
وجدان (위즈다-ㄴ) 정신, 마음, 사랑
موجة (마우자) 파도
تهجر (타흐주르) 멀리하다, 삼가다
شط (샤뜨) 연안, 해변

عنوان (우누와 - 느) 주소
ناس (나-쓰) 사람들
تنساني (탄싸-니) 나를 잊다
يوما (야우만) 어느 날
نبض (나브드) 맥박, 고동
تعشق (타앗슈끄) 그리움
أخرى (우크라) 다른
دفء (다프으) 따뜻함

2

يسقط (야쓰꾸뜨) 떨어지다
اسمي (이쓰미) 나의 이름
حبيب (하비-브) 애인
تنساني (탄싸-니) 나를 잊다

منى (무나) 소나기, 시체, 죽음
تهوان (타흐와-ㄴ) 사랑, 좋아함
كيف (카이파) 어떻게

3

أتيت (아타이투) 나는 왔다
أحضان (아흐다- 느) 품속, 가슴

بقايا (바까-야) 남아 있음

أحبك (우힙부카) 나를 당신을 사랑해요

واحة (와-하) 오아시스   هدأ (하다아) 고요해지다

أحزان (아흐자-ㄴ) 슬픔   كل (쿨루) 모두

نسمة (나쓰마) 미풍, 산들바람   تروي (타르위) 이야기하다

صمت (숨트) 침묵 ناس (나-쓰) 사람들

ألحان (알하-느) 뜻, 작곡, 노래

4

أمل (아말) 희망, 소망   ضوء (돠우으) 빛, 햇살

صبح (수브흐) 아침   يلقاني (얄까-니) 나를 만나다

الكلمات في جملة

يقول : يقول أخي إنه ذكي
나의 동생이 말하는데 그는 영리하대.

الناس : الناس في الشارع كثيرون
거리에 사람들이 많아요.

يا عمري .. : يا عمري يا حبيبي أين أنت؟
내 인생이여, 내 애인이여, 당신은 어디 있어요?

تنساني: هل تنساني؟ لا أبدا لن أنساكِ
너는 나를 잊고 있니? 절대로 나는 당신을 잊을 수 없어.

وهب : وهب الله لي صوتا جميلا
하나님께서 나에게 아름다운 목소리를 선물하셨어요.

نبض : نبضي منخفض يجب أذهب إلى المستشفى
나의 맥박이 낮아서 병원에 가봐야 될 것 같아요.

وجداني : أحبك من كل وجداني
나는 나의 모든 마음을 다해 당신을 사랑해요.

تعشقُ: أعشقكَ

나는 당신을 그리워하고 있어요.

موجةً : موجة البحر عالية

바다의 파도가 높다.

أخرى : هذه كلمة أخرى لا أعرفها

이 것은 내가 모르는 다른 단어야.

تهجر : تهجر الطيور بيوتها في الشتاء

새들은 겨울에 자신들의 집을 떠나 이동하지요.

دفء : أشعر بالدفء اليوم

오늘은 포근함이 느껴져요.

شُطآن: شطآن البحر في مصر جميلة

이집트의 해변가는 아름답지요.

يسقط : يسقط المطر في الصيف في كوريا.

한국에서는 비가 여름에 내려요.

كالمنى= الموت: المنى يصيب كل إنسان

모든 인간은 죽게 됩니다.

اسمي : ما اسمك؟ اسمي محمد

당신의 이름은 무엇이지요? 나의 이름은 무함마드에요.

تاه يتوه : تاه ابني في الحديقة فبحثت عنه في كل مكان

정원에서 나의 아이가 없어져 나는 모든 곳에서 그를 찾았어요.

عنوان: ما عنوان جامعتك؟

당신 대학교의 주소는 어떻게 되나요?

ترى: ترى هل فهم الطلاب؟ لا أعتقد ذلك

학생들이 이해했나요? 나는 그렇게 믿지 않아요.

تهواني: أنت تهواني وأنا أهواك

당신은 나를 좋아하고 나는 당신을 좋아해요.

أتي : أتيت الجامعة وأنا نائم

내가 자고 있을 때 당신은 대학에 왔어요.

بقايا: هناك بقايا طعام لا تجلس هناك

그곳에 음식이 남아 있으니 그곳에 앉지 말아요.

حضن ج أحضان: اشتقت إلى أحضان أمي

나는 나의 어머니 품이 그리워요.

واحة : الواحة في الصحراء

오아시스는 사막에 있지요.

هدَأت : هدأت الطالبة بعد أن كانت تبكي

그 여학생은 울고 나서 조용해졌어요.

تروي: جدتي تروي لي حكايات قديمة

나의 할머니께서는 나에게 옛날 이야기를 해주세요.

ألحاني: ألحان بتهوفن مشهورة جدا

베토벤 곡은 정말 유명하지요.

أمل : عندي أمل كبير في مستقبلي
나는 나의 미래에 대해 큰 희망을 갖고 있지요.

ضوء : ضوء المصباح خافض.
아침 햇살이 약하다.

الصبح : في الصبح أذهب إلى الجامعة.
아침에 나는 대학교에 갑니다.

يلقاني : يلقاني أصدقائي في المقهى
나의 친구들은 커피숍에서 나를 만나지요.

لَوْ سَأَلْتَك أَنْتَ

غناء: نانسى عجرم
كلمات: خالد أمين
تلحين: محمد رحيم

لَوْ سَأَلْتَك أَنْتَ مَصْرِي تُقُول لِي إيه ؟؟
تُقُول لِي مَصْرِي اِبْن مَصْرِي
و ابن مَصْر الله عَلِيه

1-당신은 이집트 사람이냐고 내가 묻는다면 그게 무슨 말이에요 라고 말
할 거에요
이렇게 말할거에요 나는 이집트 사람이고 나의 아버지도 이집트 사람이
에요
이집트 사람은 참 좋아요

قُلْهَا بِأَعْلَى صُوت و ارْفَع رَاسَك لِفُوق
أنا مَصْرِي و أَبُويَا مَصْرِي
بِسَمَارِي ولُوني مَصْرِي

2-큰 소리로 말해요 그리고 고개를 높이 들어요
나는 이집트 사람이고 나의 아버지도 이집트 사람이에요
나는 갈색에 이집트 색깔을 하고 있어요

وبخَفَّة دَمِّي مَصْرِي
و كَل مَصْرِي الله عَليه
مُلُوك الْجَدْعَنَة ودِي حَاجَة فِي طَبْعُهُم

3-이집트 사람은 상냥하고 친절해요
모든 이집트 사람들은 멋있어요
정의로운 왕들로 이것은 그들의 천성이에요

و عَشْقَاهُم أَنَا وأَتْمَنَّى حُبُّهُم
شِرِبْت مِنْ نيلهَا .. مَصْر
و قَلْبِي حَنَّ لهَا .. مَصْر

4-나는 그들을 사랑해요 그들도 나를 사랑했으면 해요
나는 이집트의 나일강 물을 마셨어요
내 마음은 이집트의 나일강을 그리워해요

و قُلْت أَغَنِّي لَهَا غِنْوَة مَحَبَّة وفَرَح
يَا رَبّ تِحْمِيهَا ... مَصْر
يَا رَبّ خَلِّيهَا ... مَصْر

5-나는 이집트를 위해 노래하고 사랑하고 기뻐해요
주여, 이집트를 보호하여 주소서
주여, 이집트가 영원하도록 하여주소서

اُنْصُرَهَا.. عَلِيها
و اِحْمِيهَا مِنْ كُلّ شَرّ

6-이집트를 수호하여 주소서 .. 이집트를 위대하게 하여 주소서
모든 악으로부터 이집트를 보호하여 주소서

1

لو (라우) 만약 …이라면
أنت (안타) 당신
تقول (타꿀-루) 당신이 말하다
الله (알라) 하나님

سألت (싸알투) 내가 묻다
مصرى (미스리) 이집트 사람
ابن (이븐) 아들

2

قول (꾸-울) 말하세요
صوت (사우트) 소리, 목소리
رأس (라으쓰) 고개, 머리
فوق (파우끄) 위, 위로
أبويا (아부-야) 나의 아버지

أعلى (아을라) 가장 높은
ارفع (이르파으) 높이세요, 드세요
ك (카) 당신의
سمارى (싸마-리) 갈색
لون (라운) 색깔

3

خفة دم (키파투 담) 상냥한
دم (담) 피
ملوك (물루-크) 왕들
جدعنة (자드아나) 총명한, 용감한

كل (쿨루) 모든
خفة (키파) 가벼운
طبع (따브으) 천성, 본성

4

عشق (이싀끄) 열애, 사랑　　أنا (아나) 나는

أتمنى (아타만나) 기원하다　　حب (훕브) 사랑

شربت (샤립투) 나는 마셨다　　نيل (니일) 나일강, 나일강물

قلب (깔브) 마음　　حن (한느) 사랑, 열애

5

أغن (우간니) 노래하다　　غنوة (기느와) 노래

محبة (마합바) 사랑　　فرح (파르흐) 기쁨

يا رب (야- 랍비) 오! 주여　　تحمى (타흐미) 보호하다

خلي (칼리) 두다, 남게하다

6

انصر (운수르) 수호하소서　　احمي (이흐미) 보호하소서

كل (쿨루) 모든　　شر (샤르르) 악, 재앙

الكلمات في جملة

لو: لو درس الطالب لنجح في الامتحان
만일 그 학생이 공부했다면 시험에서 합격했을 것이다.

سأل : سأل الطالب الأستاذ سؤالا.
학생이 교수님에게 질문을 하였다.

مصرى : هذا الطالب يبدو أنه مصري
이 학생은 이집트 사람인 것 같아요.

تقول = أنت تقول إني كاذب
내가 거짓말쟁이라고 당신은 말하고 있군요.

إيه= **ماذا** = **ما**: ما اسمك= اسمك إيه؟
당신의 이름은 무엇이지요?

ابن : ابن الأستاذ يتكلم اللغة الكورية
그 교수님의 아들은 한국말을 말해요.

الله عليه: الله عليك، أحسنت، إجابتك صحيحة
잘했어요. 당신의 대답은 정확해요.

بأعلى : تكلم بأعلى صوت

가장 큰 소리로 말해요.

ارفع : ارفع رأسك لأنك مصري

고개를 드시오. 당신은 이집트 사람이요.

سمار : يتميز المصريون بالسمار الجذاب

이집트 사람들은 매력적인 갈색피부의 특징을 갖고 있어요.

لون: ما لون عينيك؟

당신 두 눈의 색깔은 무슨 색이지요?

خفة دمى ـ خفيف الدم: هذا الأستاذ خفيف الدم

이 교수님은 상냥한 분이에요.

ملوك : رمسيس من ملوك مصر القدماء

람시스는 고대 이집트 왕들 중에 한 분입니다.

الجدعنة= الشهامة: الشهامة منتشرة بين الشعب العربي.

남성미가 아랍 사람들 간에 퍼져 있지요.

طبع: طبع هذا الولد سيء جدا.

이 소년의 성격이 무척 나빠요.

عشق: عشقتك وعشقتني، ما أسعدنا

나는 당신을 사모하고 당신은 나를 사모하니 우리는 너무나 행복해요.

أتمنى : أتمنى أن أذهب إلى مصر.

나는 이집트를 가보고 싶어요.

شرب: من يشرب من ماء النيل يجب أن يرجع مرة أخرى إلى مصر.

나일강 물을 마신 사람은 다시 이집트로 돌아가야 해요.

حن : حن قلبي لحبيبي.

내 마음의 사랑은 나의 애인을 위해서이지요.

أغني: أغني غنوة جميلة مع أصدقائي

나는 나의 친구들과 함께 아름다운 노래를 불러요.

محبة: يجب أن ننشر المحبة بين الناس

우리는 사람들 간에 사랑을 퍼트려야 해요.

فرح: أشعر بالفرح الشديد عندما أرى حبيبي

나는 나의 애인을 볼 때 진한 환희를 느껴요.

يارب : يا رب أنجح في الامتحان

주여, 제가 시험에 합격하도록 해주소서.

تحمي: الله يحمي مصر من كل شر.

하나님께서는 모든 나쁜 것들로부터 이집트를 보호하십니다.

نصر : نصرنا الله على العدو

하나님께서 우리에게 적을 제패하도록 하여 주셨어요.